金陵全書

乙編·史料類

南京紀畧

（明末清初）九峰居士　編

金陵拾遺記

（清）佚　名　撰

南京出版傳媒集團
南京出版社

圖書在版編目（CIP）數據

南京紀畧；金陵拾遺記 / (清) 九峰居士編；(清) 佚名撰. -- 南京：南京出版社, 2024.8

（金陵全書）

ISBN 978-7-5533-4768-4

Ⅰ. ①南… Ⅱ. ①九… ②佚… Ⅲ. ①南京－地方史－史料－南明 Ⅳ. ①K295.31

中國國家版本館CIP數據核字（2024）第088631號

書　　名　【金陵全書】（乙編・史料類）
　　　　　南京紀畧・金陵拾遺記

作　　者　（明末清初）九峰居士；（清）佚名

出版發行　南京出版傳媒集團
　　　　　南 京 出 版 社

社址：南京市太平門街53號　　郵編：210016

網址：http://www.njcbs.cn　　電子信箱：njcbs1988@163.com

聯繫電話：025-83283893、83283864（營銷）　025-83112257（編務）

出 版 人　項曉寧
出 品 人　盧海鳴
責任編輯　楊傳兵
裝幀設計　楊曉崗
責任印製　楊福彬

製　　版　南京新華豐製版有限公司
印　　刷　南京凱德印刷有限公司
開　　本　889毫米×1194毫米　1/16
印　　張　29
版　　次　2024年8月第1版
印　　次　2024年8月第1次印刷
書　　號　ISBN　978-7-5533-4768-4
定　　價　800.00元

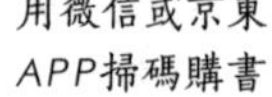

用微信或京東APP掃碼購書

用淘寶APP掃碼購書

總序

南京，古稱金陵，中國著名的四大古都之一，是國務院首批公佈的國家歷史文化名城。

南京有着五十萬年的人類活動史，約三千一百年的建城史，約四百五十年的建都史，享有『六朝古都』『十朝都會』的美譽。南京歷史的興衰起伏在某種程度上可以説是中國歷史的一個縮影。在中華民族光輝燦爛的歷史長河中，古聖先賢在南京創造了舉世矚目、富有特色的六朝文化、南唐文化、明文化和民國文化，爲中華民族文化的傳承和發展做出了不朽貢獻。然而，由於時代的遞遷、戰爭的破壞以及自然的損毀等原因，歷史上南京的輝煌成就以物質文化形態留存下來的相對較少，見諸文獻典籍的則相對較多。南京文獻内涵廣博，卷帙浩繁，版本複雜。截至一九四九年中華人民共和國成立，南京文獻留存下來的有近萬種，在全國歷史文化名城中名列前茅。以六朝《世説新語》《文心雕龍》《昭明文選》，唐朝《建康實録》，宋朝《景定建康志》《六朝事跡編類》，元朝《至正金陵新志》，明朝《洪武京城圖志》《金陵古今圖考》《客座贅語》，清朝《康熙江寧府志》《白下瑣言》，民國《首都計劃》《首都志》《金陵古蹟圖考》等爲代表的南京地方文獻，不僅是南京文化的集中體現，也是中華民族優秀傳統文化的重要組成部分。這些南京文獻，積澱貯存了歷代南京人民的經驗和智慧，翔實地反映了南京地區的社會變遷，是研究南京乃至全國政治、經濟、軍事、文化、外交和民風民俗的重要資料。

歷史上的南京文化輝煌燦爛，各類圖書典籍琳琅滿目。迄今爲止，南京文獻曾經有過三次不同程度的整理。

第一次是距今六百多年前的明朝永樂年間，明朝中央政府在南京組織整理出版了《永樂大典》。《永樂大典》正文二萬二千八百七十七卷，凡例和目録六十卷，分裝成一萬一千零九十五册，總字數約三億七千萬字。書中保存了中國上自先秦、下迄明初的各種典籍資料達七八千種，是中國古代最大的類書。

第二次是民國年間，南京通志館編印了一套《南京文獻》。《南京文獻》每月一期，從一九四七年元月至一九四九年二月共刊行了二十六期，收入南京地方文獻六十七種，包括元明清到民國各個時期的著作，其中收録的部分民國文獻今天已經成爲絶版。

第三次是二〇〇六年以來，南京出版社選取部分南京珍貴文獻，整理出版了一套《南京稀見文獻叢刊》點校本，到二〇二〇年，已經出版了六十九册一百零五種，時代上起六朝，下迄民國，在學術普及方面做出了一定的貢獻。

中華人民共和國成立以來，尤其是改革開放以來，南京的政治、經濟、文化建設飛速發展，但南京文獻的全面系統整理出版工作一直没有得到應有的重視，這與南京這座國家歷史文化名城的地位頗不相稱。據調查，目前有關南京的各類文獻主要保存在南京圖書館、南京市檔案館，以及全國各地的高等院校、科研院所、圖書館、檔案館、博物館，少數流散於民間和國外。一方面，廣大讀者要查閲這些收藏在全國各地的南京文獻殊爲不便；另一方面，許多珍貴的南京文獻隨着歲月的流逝而瀕臨損毁和失傳。南京文獻的存史、資治、教化、育人功能没有得到應有的發揮。

盛世修史（志）。在中華民族和平崛起和大力弘揚民族傳統文化、全力發展民族文化事業的大背景下，在建設『文化南京』的發展思路下，中共南京市委、南京市人民政府於二〇〇九年十二月做出决定，將南京有史以來的地方文獻進行全面系統的匯集、整理和影印出版，輯爲《金陵全書》（以下簡稱《全書》），以更好地搶救和保護鄉邦文獻，傳承民族文化，推動學術研究，促進南京文化建設；同時，也更爲有効地增加南京文獻存世途徑，提昇南京文獻地位，凸顯南京文獻價值。

爲編纂出能够代表當代最高學術水平和科技成就，又經得起時間檢驗的《全書》，我們將編纂工作分成三個階段進行。第一個階段爲調研階段，主要對南京現存文獻的種類、數量、保存現狀以及收藏地點等進行深入細緻的調研，召集專家學者多次進行學術論證和可操作性論證，撰寫出可行性調查報告，爲科學決策提供依據，此項工作主要由中共南京市委宣傳部和南京出版社組織完成。第二個階段爲啓動階段，以二〇〇九年十二月二十四日召開的『《金陵全書》編纂啓動工作會』爲標志，市委主要領導親自到會動員講話，市委宣傳部對《全書》的編纂出版工作作了明確部署。在廣泛徵求專家學者意見的基礎上，確定了《全書》的總體框架設計，確定了將《全書》列爲市委宣傳部每年要實施的重大文化工程，確定了主要參編責任單位和責任人，並分解了任務。第三個階段爲編纂出版階段，主要在全國範圍内進行資料的徵集、遴選和圖書的版式設計、複製、排版及印製工作。

爲了確保《全書》編纂出版工作的順利進行，中共南京市委、南京市人民政府成立了專門的編纂出版組織機構。其中編輯工作領導小組，由中共南京市委、市政府領導以及相關成員單位主要負責人組成；《全書》的編纂出版工作由市委宣傳部總牽頭；學術指導委員會，由蔣贊初、茅家琦、梁白泉等一批全國著名的專家學者組成，負責《全書》的學術審核和把關。

《全書》分爲方志、史料、檔案和文獻四大類。自二〇一〇年起，計劃每年出版四十册左右。鑒於《全書》的整理出版工作難度較大，周期較長，在具體操作中，我們採取了分工協作的方式。市委宣傳部和南京出版社負責《全書》的總體策劃，其中方志部分，主要由南京市地方志編纂委員會辦公室和南京出版傳媒集團·南京出版社共同承擔；史料和文獻部分，主要由南京圖書館承擔；檔案部分，主要由南京市檔案局（館）承擔。《全書》的編輯出版，得到了江蘇省文化廳、江蘇省新聞出版局、江蘇省檔案局（館）、南京大學、南京圖書館、南京市文廣新局、南京市社科聯（社科院）、南京市文聯、金陵圖書館以及各區委宣傳部和地方志辦公室等單位及社會各界的熱情鼓勵和大力支持，尤其是得到了中國國家圖書館和全國各地（包括港臺地區）高等院校、科研院所、圖書館、檔案館、博物館等藏書單位的鼎力相助，在此表示深深的謝意！

我們相信，在中共南京市委、南京市人民政府的長期不懈支持下，在各部門、各單位的積極配合和衆多專家學者的共同努力下，這項功在當代、利在千秋的傳世工程一定能够圓滿完成。

《金陵全書》編輯出版委員會

凡例

一、《金陵全書》（以下簡稱《全書》）收録的南京文獻，分爲方志、史料、檔案和文獻四大類。

二、《全書》按上述四大類分爲甲、乙、丙、丁四編，以不同的封面顔色加以區分；每編酌分細類，原則上以成書時代爲序分爲若幹册，依次編列序號。

三、《全書》收録南京文獻的地域範圍，包括了清代江寧府所轄上元、江寧、句容、溧水、高淳、江浦、六合。

四、《全書》收録的南京文獻，其成書年代的下限爲一九四九年。

五、《全書》收録方志、史料和文獻，盡量選用善本爲底本。《全書》收録的檔案以學術價值和實用價值較高爲原則，一般選用延續時間較長、相對比較完整的檔案全宗。

六、《全書》收録的南京文獻底本如有殘缺、漫漶不清等情況，必要時予以配補、抽换或修描，以保證全書完整清晰；稿本、鈔本、批校本的修改、批注文字等均保留原貌。

七、《全書》收録的南京文獻，每種均撰寫提要，置於該文獻前，以便讀者了解其作者生平、主要内容、學術文化價值、編纂過程、版本源流、底本採用等情況。

八、《全書》所收文獻篇幅較大時，分爲序號相連的若幹册；篇幅較小的文獻，則將數種合編爲一册。

九、《全書》統一版式設計，大部分文獻原大影印；對於少數原版面過大或過小的文獻，適當進行縮小或放大處理，並加以説明。

十、《全書》各册除保留文獻原有頁碼外，均新編頁碼，每册頁碼自爲起訖。

總目録

金陵全書

乙編·史料類

南京紀畧

（明末清初）九峰居士 編

南京出版傳媒集團
南京出版社

提要

《南京紀畧》一卷，明末清初九峰居士編。

該書無序跋，卷首有目録，卷端署『無錫九峰居士編，航頭再生棘士校』。校對者『航頭再生棘士』，未知何人。編者『無錫九峰居士』即計六奇。計六奇（一六二二—？），字用賓，號天節子，别號九峰居士，江蘇無錫人。曾於順治六年（一六四九）、順治十一年（一六五四）兩次應試不第，從此無意仕進，教書於無錫、蘇州、江陰等地，以終餘生。計六奇留心明亡清興史事，搜集大量文獻資料，並前往江陰、蘇州等地實地考察，後於康熙十年（一六七一）完成《明季北畧》《明季南畧》二書。其後續修改、補評持續至康熙二十六年（一六八七）左右。《明季北畧》二十四卷，記述自萬曆二十三年（一五九五）至崇禎十七年（一六四四）三月凡五十年的明朝史事。《明季南畧》十八卷，記述自崇禎十七年（一六四四）五月至康熙四年（一六六五）二十餘年的南明史事。計六奇另著有《粤滇紀聞》《金壇獄案》《辛丑紀聞》

等，均與清初史事相關。

《南京紀畧》記述弘光一朝史事，始於福王世子朱由崧自豫避亂、南京明臣議立朱由崧爲帝，終於弘光元年（一六四五）八月清軍屠戮江陰軍民。全書共有一百一十三條，各有條目。謝國楨《增訂晚明史籍考》評價道：『是書匯輯弘光一代遺事，然率見他書，無特殊之處，前有西蜀涇南玉峰居士識。』謝國楨所見爲鈔本，不知何機構所藏。國家圖書館藏鈔本無玉峰居士題識。謝國楨判斷《南京紀畧》記述率見他書，並未具體指實。筆者將《南京紀畧》與《明季南畧》内容一一比對，判斷該書係清人删節《明季南畧》而成書，事後删改者自題此名。

《南京紀畧》中的條目，多與《明季南畧》雷同，或係由《明季南畧》原條目摘出部分内容，獨成一條。《明季南畧》有諡開國諸臣、建文朝死事諸臣、北京甲申殉難諸臣、正德朝死事諸臣、天啟朝死瑺禍諸臣等條目，《南京紀畧》均加删除。這種條目的删削體現了編者的意旨。《南京紀畧》還删除《明季南畧》中按月的甲乙編年紀條目，這導致《南京紀畧》總體的體例更偏向紀事本末體。

《南京紀畧》承襲《明季南畧》的条目，或一字不改，或有所删改。删改主要表現在史料的出處、徵引他书的引申記載、计六奇所作『附记』以及史論。比如，『馬士英特舉阮大鋮』條，《南京紀畧》删除了江上外史《甲乙史》、王汝南《編年》的引文部分，以及計六奇作於康熙十年（一六七一）的史評。又『諸臣陞遷推用』條，《南京紀畧》删除五月十八日之後的內容以及《明季遺聞》等文獻的相關記載、馬士英等人的事跡介紹。《明季南畧》『弘光登極詔』條羅列『國政二十五款』，《南京紀畧》則注『未載』，直接省略原文。『三皇子紀』條，《南京紀畧》删除康熙十年（一六七一）計六奇增補的東村老人《明季甲乙彙編》的相關記載。『議禦北兵』條，《南京紀畧》改篇名爲『議禦』，篇末删除錢謙益、弘光帝、吴希哲話語，以及計六奇識語。

《南京紀畧》多删除《明季南畧》相關條目正文開頭的月日和干支。這方面例子不勝枚舉。甚至《明季南畧》『六月新志』『七月附志』兩條，部分內容被《南京紀畧》保存下來，篇名却被妄删，這就導致體例不倫。

《明季南畧》大體按編年紀事，又夾雜事目、人物傳記、人物章奏和詩文等於其中，故清人李慈銘《越縵堂讀書記》評論其『標目紛雜，全無體例』。

《南京紀畧》對條目编排顺序多有調整。例如，將『路振飛』『黄得功』『左懋第』等人物傳記條目移置於南京陷落後殉難、抗清死事、降清諸臣傳記之列，這一修改並不合史法。《南京紀畧》又將『大清移史可法書』『史可法答書』『高傑上肅王書』『肅王答書』『南京公檄』『臨海陳函輝檄』等書信、檄文移置於書末，而以『江陰紀畧』爲殿，明顯體例乖張。

《南京紀畧》對明帝的稱呼完全彰顯清朝的立場。如對弘光帝的稱呼，《明季南畧》原用『帝』『上』，《南京紀畧》改爲『福王』『福藩』『弘光』，這符合康熙以後清人對南明諸帝的書寫慣例。與之相對應，『福王登極』『福王登極詔』条目分别被改爲『福王稱尊於南京』『弘光稱尊頒詔』。至於崇禎帝，《南京紀畧》直接稱『崇禎』，而不用《明季南畧》的『先帝』。另外，對清朝和清軍的稱謂，《明季南畧》稱爲『清朝』『清兵』『北兵』，《南京紀畧》改稱『吾國』『大清』『大清兵』。

《南京紀畧》對《明季南畧》的删改亦有明顯錯誤。如『福世子自豫避亂』條，稱崇禎十四年（一六四一）張獻忠破河南府，殺福恭王，『張獻忠』明顯是李自成之誤。《明季南畧》則無此誤。《南京紀畧》以『江陰紀畧』條爲終章，其實是《明季南畧》『江陰續記 難民口述』條的删節，更將『江陰紀畧』原條目删去。

《南京紀畧》還有一些字詞錯誤。如『張亮奏邊防』條，有『安慶巡撫張亮』，《南京紀畧》誤鈔『安慶』爲『按盧』。『高弘圖乞歸』條，末云『以幼子託舊館談遷而卒』，《南京紀畧》誤鈔『談遷』爲『客迁』。又如，『崇禎忌日』條，《南京紀畧》誤鈔『陳名夏』爲『陳石夏』。

要之，《南京紀畧》一書爲清人據計六奇《明季南畧》删錄而成，具體時間尚不能判斷。考《明季南畧》原儘鈔傳，嘉慶、道光以後方刊行於世。《南京紀畧》的成書是《明季南畧》在社會上流行的結果，反映了清人對南明歷史的關注。從清人對南明歷史的書寫、文獻傳播的角度來看，該書有參考價值。

國家圖書館藏鈔本於『玄』『弘』『丘』『胤』字均不避諱，筆者據此推斷其鈔錄於晚清或民國年間。該書版式爲：每半葉八行二十二字，四周雙邊，有行格，白口，雙黑魚尾，下魚尾下方書『劍閣』二字。卷端鈐有『國立北平圖書館珍藏』朱文長方印。考國立北平圖書館建成於民國二十年（一九三一），即今國家圖書館前身。該書何以入藏國立北平圖書館，不得而知。中國科學院圖書館亦藏有《南京紀畧》鈔本一種，具體不詳。

《金陵全書》收録的《南京紀畧》以國家圖書館藏鈔本爲底本原大影印出版。

王榮湟

南京紀畧目錄

無錫九峰居士編

航頭冉生棣士校

華允誠　龔廷祥
嚴紹賢　王獻之
金　聲　盧象觀
楊廷樞　顧所受
侯峒曾　吴　易
吴勝兆　黄淳耀
馬士英　趙之龍
王　鐸　阮大鋮

南京紀畧

無錫九峯居士編
航頭再生棣士校

福世子自豫避亂

福王諱常洵神宗第三子鄭貴妃所出封福王萬歷四十二年之國都河南府世子諱由崧于崇禎十四年張獻忠破藩邸福王遇害王之體肥重三百餘斤臠其肉與圃中之鹿同烹列賊胙食謂之福鹿酒世子逃出潛內城脚之

廁室有府皂劉正學者負一危病之母意擬跳城世子浼之劉晚世子雖青年體實肥重躍出安能存命世子曰尔母老頹賊見之必不害尔能救吾出城後自逺尔富貴吾乃福王之嫡子也劉爲籌之於隣近染坊中見有舊黃絹傘併衣服等室内皆無人取之爲世子包襯頭面與上身外以傘褁之用繩緊縛撑城垣斜垣處横滚而下劉再安置其母復躍出解之幸不傷寸膚乃與閒道趨野外行約五十餘里世子告困足不能前劉爲之解所衣紗裙一襲

易舊破椅兩人輿之又前往二十餘里借宿一荒村村流賊已遠矣劉誡其勿露王府字但云教書先生劉歸覓母母果無恙城中流賊雖去公廨與民房燒燬無存又遍地皆匄捧手與官兵搶奪實甚于賊至王府眷屬更無隻影覓也劉亦攜母俱于鄉再來訪世子衆皆謂東渡黃河而始安相與步行二百里從來津口渡河至曹州界之新店見有賣臘酒之高標居其店之空室店無男主孀嫗當爐有一弱子與長母姓童氏家頗裕劉晚之使世子安其身因

教其子讀小書劉復還歸過冬再特訪世子已遷入內室則盡其隣之蒙童而就學矣劉見其隔內外之木板有隙二三寸若內外相視然已為其家之長女疑之然世子之身已得所劉遂歸再閱曰李闖又破懷慶府時親王之暫棲此城者為周潞崇三王逃出流離播遷復各彙集從水道由曹州南下時為崇禎十七年二月又逢京變晚泊世子所寓近處世子又會其女之夫家有搆釁情乃趨入舟還訴復歷于三王又有福藩舊內侍田成應進二人在內

識故主遂同舟下淮安時三王俱有宮眷惟世子葛巾敝袍而已四月初一日入儀真北都三月十九日之信已確留京各大老會議擁立兵尚史可法户尚高弘圖工尚程註左都張慎言翰林姜曰廣六科李沾十三道郭維經太常寺何應瑞等皆屬意于潞王馬士英時在鳳督獨未與不欲狥留京諸公意乃内賄勳臣劉孔昭外賄鎮臣劉澤清先陰使人導福世子借漕撫路振飛之船在儀真載之過江即挾卒諸大僚見之舟中士英首薦房師阮大鋮謂亟

用此人方可議中興事時有應天府學生員何光顯亦于舟次上揭有正國體以正人心之議隱刺阮大鋮一黨不應起用也馬阮甚恨之福世子五月初六日監國十六日即位大赦改明年爲弘光元年乙酉南京破弘光故浙東魯藩監國謚爲赧皇帝永歷又謚爲聖安皇帝吾國削其其年號不稱帝止云福藩

南京諸臣議立福藩

四月初三庚申時潞周藩泊淮上者各以宮眷隨獨福王

孑然與常應俊等數人流離飄泊鳳陽總督馬士英陰使人導之借淮撫路振飛舟南行　十四日辛未有内官至南京府部科道等官始知北京被陷確信上殉社稷大小驚惶史可法張慎言等集高弘圖寓議所尊奉時潞王福王並在淮姜日廣意屬福王可法曰在藩不忠不孝恐難主天下逡巡而散　廿一日戊寅時新主未定人望皆在潞王高傑劉澤清移書路振飛問所奉振飛云議賢則亂議親則一現在惟有福王有勸某隨去扶立者此時某一

動則淮揚不守天下事去矣此功自讓與開國元勳居之必待南都議定不然吾奉王入而彼不納必且互爭是不得闖賊至而自相殘敗事已　南京文武大臣齊集中軍都督魏國公徐弘基第議推戴討賊時惠王桂王道遠難至潞王福王周世孫各避賊舟次淮安馬士英獨念福王昏庸可利爲之內賄劉孔昭外賄劉澤清同心推戴必欲立之移書史可法呂大器謂以序以賢無如福王已傳諭將士奉爲三軍主請奉爲帝且責可法當主其議可法大

器不可　念二日己卯史可法治兵於浦口　廿六日癸未張慎言高弘圖姜日廣李沾郭維經誠意伯劉孔昭太監韓贊周等復集朝內會議獨大器後至時以潞王倫次稍疎福王有在邸不類事莫之敢決李沾奮袂厲聲曰今日有異議者以死殉之劉孔昭韓贊周復力持之孔昭又面詈大器不得出言搖惑議遂定乃以福王告廟因先修武英殿是日即具公啟迎王而可法誓師江上猶未面也

廿八日乙酉徐弘基等迎王于浦口　廿九日丙戌午

後王舟泊燕子磯　三十日丁亥南京諸臣見王於舟次王時角巾葛衣坐寢榻上舊枕敝衾子影空囊從行田成諸人布袍草履不勝其困王答兵部書謂國母尚無消息隻身避亂宮眷未携一人初意欲避難浙東僻地迎立決不敢當等語及揖次進見對數臣慟哭素衣角帶群臣行禮皆以手扶待茶款語極其寬和言及迎立即力辭言封疆大計惟伏衆先生主持

按福王初見諸臣似乎情理不意立國如此荒嬉糊

為倘能如宋之南渡偏安尚可茍延歲月乃天奪其魄作市井無賴之行以致滅亡蓋天以定吾大清億萬年之開創發軔之始是以若此也

福王入南京

五月戊子朔辰刻福王自三山門登陸由城外至孝陵乘馬自西門入享殿祭告以東門乃御路也拜謁罷徘徊良久閱懿文太子寢園遂詣瞻拜既畢從朝陽門進城至東華門步行過皇極殿謁奉先殿出西華門以內守備府為

行宮駐蹕焉文武官進見王惶赧欲避史可法言殿下宜正受遂行四拜禮王傳上殿共商戰守之策劉孔昭暨諸勳侯甚有德色可法奏對良久魏國公徐弘基內守備各有奏群臣乃退是日王輦所至都民聚觀生員及在籍官沿途皆有茶迎者有云先一日兩大星夾日本日五色雲見

按太星夾日五彩雲見似爲福王之祥而其後事如此然是時吾大清兵初入燕則星雲殆吾朝之瑞乎

福王稱尊於南京

五月初二己丑南京諸臣謁福王于行宮靈璧侯湯國祚以户部措餉不發爲言其詞憤槩太監韓賛周叱之起呂大器亦言此非對君體御史祁彪佳言綱紀法度爲立國之本吏科李沾言朝班宜肅彪佳又言宜早頒大赦敬天法祖等事王皆允之群臣退俱會議于内守備家議監國登極咸以先行監國爲便張愼言曰國虚無人可遂即位可法察曰太子存亡未卜倘北將扶以來奈何劉孔昭曰

今日既定誰敢更移請即正位可法曰緩幾日無妨彪佳曰監國名極正蓋愈推讓益彰王之賢德且總師討賊申復國仇示海内無困以得位之心而江北諸大帥使共預推戴則士將亦宜懽欣俟發表擇吉登大寶布告天下爲當吕大器等皆然之乃定監國以金鑄監國之寶是日諸大臣面奏勸進王召百官升殿議王辭讓愈堅謂人生以忠孝爲本今大仇未報是不能事君父遭慘死是不能事親斷無登位之禮言訖涕泣又言東宫及永定二王見在

賊中或可致之且桂惠瑞三王皆本王之叔聽諸先生擇賢迎立科道官奏迎立之意彪佳以人心天意爲言王遜謝如前令百官退止留兵部及内守備進内議事少頃再入班上勸進第一箋吕大器跪奏王傳旨權領監國百官退少頃又進第二箋王命傳進乃手書批答仍領監國餘所請不敢當　初三日庚寅百官朝服王行告天禮其祝文焚時飄入雲霄衆以爲異王升殿百官行四拜禮魏國公徐弘基跪進監國之寶王既受訖再行四拜禮乃退早

聞有傳後日即登極者史可法以人言搖〻亦欲再勸進
祁彪佳力爭謂監國不兩日即登極何以服人心乃止
十一日戊戌群臣第三次進箋王令旨這所啓予屢諭甚
明何又連章勸進知先生等惓〻忠愛無非從宗社起見
予不忍固違勉從所請俟擇吉舉行該部知道　甲申五
月十五壬寅辰時福王即帝位于武英殿詔以明年爲弘
光元年
　按是時有云新皇帝止有八個月天下及明年五月

弘光遁走雖甫一載而大清兵南下則春月也天命所歸實止八月耳

弘光稱尊頒詔

詔曰吾國家受天鴻祜奕世滋昌保大定功重熙累洽自高皇帝龍飛奠鼎而已卜無疆之曆矣朕嗣藩服播遷江淮羣臣百姓共推繼序跋踄来迎請正位號予暫允監國攝理萬幾乃累箋勸進拒辭弗獲謹於五月十五日祗告天地宗廟社稷即皇帝位於南都猥以藐躬荷茲神器推

吾大行皇帝英明振古勤儉造邦禆宵旰以經營希蕩平之績效乃潢池盗弄鐘簴震驚燕畿掃地以蒙塵龍馭賓天而上陟三靈共憤萬姓同仇朕諒德弗勝遺躬抱痛敢辭薪膽之瘁誓圖俘馘之功尚賴親賢戮力匡勷助予敵愾其以明年為弘光元年與民更始大赦天下所有合行事宜開示於後

國政二十五款 未載

於戲弘濟艱難用宣九伐平邦之政覃敷闓澤並周三驅

解網之仁新綍涣頒前徽益懋布告天下咸使聞知

崇禎十七年五月　日詔

諸臣陞遷推用

五月初二日攝吏部史可法邀諸臣會議閣員及宰臣舊例五府不入班行時恐文武不和乃共商之群推可法及高弘圖姜日廣爲相而以冢宰屬張慎言慎言曰吾老矣願安于總憲徐弘基曰張公内閣高公冢宰似極相宜劉孔昭攘背欲得内閣可法曰本朝無勳臣入閣例孔昭曰

即吾不可馬士英有何不可諸臣默然又議起廢競推劉宗周徐石麟等孔昭特舉阮大鋮等史可法曰此先帝欽定逆案勿庸再言　初三日馬士英率高傑等擁兵臨江稱十萬衆欲威劫留部諸臣文武臣會推史可法高弘圖馬士英皆東閣大學士張慎言吏部周堪賡戶部各尚書又推詞林姜曰廣王鐸爲東閣高劉二帥書至請可法渡江欲其權歸于士英也　初六日呂大器轉吏部起練國事戶部賀世壽刑部何應瑞工部各侍郎劉士禎通政使

初八日起劉宗周左都御史　初九馬士英自請入朝拜疏即行　十五日壬寅進内官韓贊周秉筆司禮盧九德提督京營　十六日癸卯命馬士英掌兵部仍入直佐理士英未嘗奉召自入朝不欲出鎮史可法知其意自請督師江北以避之　十七甲辰忻城伯趙之龍提學戎政十八日乙巳史可法辭朝命文武官郊餞自可法離京劉孔昭畧無忌憚而高張俱不能安其位矣

劉孔昭凌侮張慎言

劉孔昭號復陽淅人襲誠意伯官操江　癸亥孔昭弒其祖母胡氏胡為劉尚忠從妻生萊臣而孔昭父蓋臣為出婢莫氏巧雲所生劉尚忠歿萊臣應襲嫡嗣以幼為蓋臣僭襲蓋臣歿孔昭復冒襲之遂贈莫氏為伯夫人及官操江遂捕萊臣斃之獄恐胡氏出揭並縊殺之真大逆不道者哉至甲申五月議起廢孔昭故善阮大鋮特舉之史可法不從至十八日可法離京廿二日乙酉馬士英入直孔昭必欲起大鋮自詔有逆党不得輕議之語而張慎言秉銓

持正孔昭度難破例置酒約諸侯伯廷論之必欲逐去冢臣而後可惟吾所欲為靈璧侯忻誠伯皆諾之時慎言條議北來諸臣雖屈膝醜顏事或協從情非委順如能自拔南來酌定用之之法因薦原任督師大學士吴甡吏部尚書鄭三俊有旨赦甡罪陞見三俊另議　二十三日庚戌早朝畢孔昭挈湯國祚趙之龍諸勳臣呼大小九卿科道于廷大罵慎言欲逐之去謂雪耻除凶防江防河舉朝臣子全副精神宜注于此乃今日講推官明日講陞官排

忽武臣專選文臣結黨行私所薦吳甡有悖成憲真奸臣也慎言立班不辨大學士高弘圖言冢臣自有本末何遽毆爭弘光諭文武官各和衷勿偏競孔昭袖中取出小刄逐慎言于班泣陳醜詈必欲手刄之太監韓贊周叱之曰從古無此朝規乃止御史王孫蕃曰先帝裁文操江歸武操江亦未見作何事業且吏部職司用人除推官陞官外別無職掌喧爭殿上慎言出即引疾乞休　孔昭退奏慎言推補倖濫舉薦吳甡鄭三俊更為可異慎言原有二心

告廟定策阻難奸辭不可不誅乞大奮乾剛收回吳甡陛見之命重處慎言為欺君誤國之戒　廿四辛亥高弘圖奏言文武官各有職掌毋得侵犯即文臣中各部不得奪吏部之權今用人乃慎言事孔昭一手握定非其所私即謂之奸臣等皆屬贅員矣慎言薦甡勳臣知為不可臣不能知票擬實出臣手又三俊清剛係五朝人望臣終以為不可不用是臣罪不減慎言竊念朝廷之等〻于李勉天子之貴〻以叔孫臣忝輔弼坐視宸陛凡若訟庭愧死無

地請賜罷斥姜曰廣亦引疾求去弘光遣鴻臚官各諭留

廿六癸丑弘光召輔臣高弘圖姜曰廣馬士英于行宮謂弘圖曰國家多故倚賴良多先生何言去也對曰臣非敢輕去第用人一事臣謂可勲臣謂不可是非淆亂臣何能在位弘光曰朕于行政用人未習卿等所言無一不從勿疑有他弘圖曰冢臣張慎言清正有品吏部以用人為職無一日不用人是無一日不修職也如推劉宗周黃道周使勳臣處之亦必藉重何獨以為罪吳甡前任撫按俱

有聲又清望先帝簡在内閣督師稍緩致譴先帝殺延儒不殺甡即可知其人假先帝在今日亦必用之何勳臣以此罪冢臣也北京失節之臣不可用江南見存無幾又不合勳臣之意將誰用乎若云武職則有兵部在不當亦責冢臣也弘圖又言近日貪黷狀弘光曰朕固聞之諸臣通賂出之袖中誠可嗤也時屢召對先後無虛日或一日再召弘光亦有意爲明主至馬士英當國直高拱聽之不復知外邊事矣　廿七甲寅慎言請亟求罷斥以服世臣之

心李沾言勳臣憤激有因當中府聚會馬士英手扎移呂大器迎立皇上贊周孔昭無不允協黎明集議大器縉禮兵二部紛回不前臣等十九人以名帖延之從容後至議至日中不決孔昭怒形于色臣與郭維經陳良弼周元泰朱國昌歷階而上面折大器贊周云快取筆來因得俛首就盟清晨迎駕大器尚欲停待而贊周已登舟矣偕行者徐弘基陳良弼朱國昌也孔昭擁戴有功文臣啟事屢登武臣封爵未定所以有此殿上之爭

廿八乙卯慎言具

疏求去云臣按河南時曾劾布政馮明盛倡逃其子馮銓作相嗾其門生曹欽程參周宗建李應昇黄尊素以及臣三臣皆死獄而臣戍肅州先帝召陞刑部侍郎以擬獄不當閑住十餘年而復起今待罪銓曹二十日遂為孔昭所指止有一去而已吳甡鄭三俊閣臣薦於前科臣薦於後兩人皆行已有恥臣能保之孔昭指為小人亦硜硜之小人非反覆之小人也偽官至陽城臣子履旋投崖而死孤孫尚幼國難家變慟無生理臣當與緗黄為侶矣　六月

初二戊午命吏部司官敦促慎言視事　初六壬寅史可法言先帝用人原無成心傅宗龍孫傳庭起自纍囚張鳳翔袁繼咸馬士英起自戍籍當吳甡奉命南征以候唐通兵不至遲延則過之可原者國難之作勛臣殉國者誰孔昭何不思之慎言七旬冢宰一舉吳甡便以爲罪不益輕朝廷而長禍亂耶　初八甲子奬諭劉孔昭功在社稷初十丙寅慎言致仕弘光諭曰晉疆未復卿已無家可歸沿途僑寓需台慎言遂止寧國孫孫閻閣來待慎言曰祖孫

相聚足矣國亡後慎言鬱鬱卒孫扶櫬返故里

按劉孔昭以武操江欲手及銓部于朝其無忌憚若此然孔昭之敢于有此舉動者蓋以史可法辭朝而馬士英入直故也觀廿四日高弘圖乞休雖各論留而廿五即加恩翼戴諸臣孔昭次于徐弘基下及六月六日史可法疏言孔昭之非而初八日反獎諭孔昭功在社稷則士英專國不獨視慎言弘圖日廣等為弁髦併史可法亦不在目中矣立國之始而悖亂

若此將何以成朝廷安得不滅亾耶馬士英劉孔昭其罪可勝言哉

路振飛王燮鎮撫淮安

甲申春山西逃兵南下江北震恐淮撫路振飛遣金聲桓等十七將率兵分道防河及守徐州　振飛會淮安七十二坊各集義兵每家或三或五刀仗俱自備每坊一生員為社長一為副自爲操演貴持久戒作輟日則團練夜則魚貫巡邏以備非常廿七乙卯大閱舉人湯調鼎等咸易

戎服　廿九丁巳淮上始傳京師陷振飛分設壯丁守城招分守門官等各守一門夜宿城樓　四月戊午朔淮城義士到軍門過堂振飛賞以花紅每人銀一兩人〻踊躍耀武于河上北来逃兵騷擾見之辟易避去　初九丙寅振飛集淮城紳矜議事至則出塘報于袖中言京城已陷代吾者即至將縛吾出迯乎抑勉力一守乎言畢泣下衆皆泣即散漕粮四千于貧民擒北来偽官胡来賀宋自成李魁春沉之河斬叛將趙洪禎等又密擒癸未進士偽防

禦使武愫解京僞制將軍董學禮襲據宿遷振飛遣塩城守備王率兵擊破之獲學禮及從者三十人悉斬之與挍臣王燮同心固守燮號雷臣順天籍湖廣黃陂人崇禎庚午舉人丁丑進士三代錦衣衛指揮通春秋夏允彝嘗稱其有經緯大才初任河南祥符令三守危城才識胆力無不超絕甲申三月初九蒞任淮安與振飛鼓舞官民極著勞績有僞選淮安知府輩克順行牌至淮上寫永昌九年二月廿二日給燮碎其牌細責其人逐之淮口擒克順斬

以狗眾變自任守河託振飛守城士民恃以屹然　廿一日劉澤清兵頓宿遷高傑兵頓徐州各聲言南侵淮民大恐變自請謂與澤清有識輕身詣之勸其回轅北上澤清不肯云即不擾責治請假道赴揚州變不可曰即不得已迂道趨天長六合則非吾所知也澤清允之淮城得免塗炭

四月初三庚申偽防禦使呂弼周遣牌至淮代振飛變捆責其人弼周者原任河南驛傳道為變座師也　十五壬申弼周以師生視變攜偽叅將王富赴任游擊駱舉知變

意陽出迎于中路猝縛之爕叱使跪鄉周詈曰人也不認亂臣賊子我認得誰令左右截其耳細鞫賊事鄉周不答解至撫院振飛命留驛亭懸示四門令善射者競集振飛舉觴勞駱舉簪花旁立縛鄉周王富於柱射者列二十步外五人為耦人發一矢不中者退中者報名賞銀牌一射者盡乃命剮之　十三日馬士英官兵由淮赴江逢南京共一千二百船王爕駐清江浦令淮坊義士排立兩淮不許一舟停泊一人登岸凡三日而畢　二十日叛將李承

勳寇掠清河王燮調兵禦却之　廿二午刻盧太監引兵一千欲進城中士民大恐振飛再三求免　廿九振飛大享士于淮安府學中叙向来有功文武官八十餘員振飛與燮親自安席觀者鼓舞已而振飛爲士英所論得旨提問閣城不平尋以士民公疏得免旋丁艱去王燮又爲御史陳丹衷薦陞廵撫山東士民奪氣劉澤清遂營窟於淮城中田仰與之猶罷山東又不可往王燮逡廵于河上而已　田仰士英之私人五月十七起撫淮揚以阮大鋮力

薦堪任節鉞也

史可法奏淮人忠義疏

闖賊自入關以來聲勢逼人假借安民煽動海内僞官一到爭奉迎甚至脅撫手握兵權不能碎一僞牌斬一僞使人心之壞至此極矣惟有淮安官民固守僞牌到則碎之僞使到則斬之賊騎逼河上則邀擊敗退之賊將如董學禮白邦政等皆躑躅而不敢前民間義兵集至一二十萬聲勢之壯猶若長城頃之報恢復宿遷僞官遁走維持兹

事江南乃安其有功于國家甚大然淮人之敢于爲此者實地方官鼓舞之力也撫按諸臣親在河干與民共守碎牌斬使斷而行之客遺各兵多所斬獲故能振將卒同仇之氣堅民間死守之心東南奠安實賴此舉伏乞勅下該部院將按臣王燮優擢示勸撫臣路振飛已經解任另候優議其餘地方紳鄉士民及行間有功將士併行按臣察確具題特爲旌叙庶忠義之士感憤而地處投賊避賊偷生苟免者皆知所愧恥矣

陳璧論賊必滅有八

兵部司務陳璧奏曰闖逆擾秦越晉破都逼帝望風訛傳者非謂其智勇深沉將卒超越必謂其假仁仗義百姓樂歸以臣所覩闖賊所為併賊將賊兵之情形決之賊之必滅斷斷無疑也賊之來也所過郡縣絕無戰功惟用奸細廣布流言輙云大兵百萬戰將千員順者秋毫無犯逆者屠戮全城致荒殘愚民被其煽惑或望風逃竄或俯首迎降賊未至境城市一空及賊壓境奸淫擄掠殆無噍類民

恨其詐更受其酷鉤通長班抄拔勲戚鎖押百官追銀兩或千金或萬金晝夜夾打文官有銀者不問才品止問肥長仍舊收用流毒如此用人如此知其必滅者二也賊兵沿門搜掠搶財物淫婦女反覆殆盡仍各擄一家 供狼飱道路行人短褐苟完即縛拷炙滿城百姓如在湯火片刻難存知其必滅者三也賊將所歸頭目數人各相雄長目無賊主闖逆屢欲僭位其下每相對偶語云以响馬拜响馬誰甘屈膝謔浪笑傲穢褻不堪知其必滅者四也

逆賊所追官民財物下將十取二三以解上將上將又十取二三以解闖逆又有此將押追彼將攘奪吏政選用將府拘留上下爭利文武爭權知其必滅者五也賊兵擄括腰纏多者千餘金最少者亦不下三四百金人人有富足還鄉之心無勇往赴戰之氣臨敵必至怯亾舉日漸將潰散知其必滅者六也燕京所積米麥有限今賊兵人馬作踐指日必盡東南絶南西北奇荒破城不滿廿日米價已騰貴三倍嗷嗷怨恨半年之久燕京内外必至絶粒知其

必滅者七也賊兵道經西魯與之市馬既得其馬仍奪其金西人痛恨鉤連東清同總兵吳三桂連兵入討賊出兵一萬一陣盡歿僅存七人賊又陸續發兵々衆愁怨闖賊不及篡位四月十二親統賊兵應敵若四方義兵與清騎首尾夾擊知其必滅者八也更以逆賊所據之勢言之其所據北直陝西山西河南諸處土地雖廣荒蕪不治人民鮮少飢困難生財賄無所出稅賦無所收此賊勢之必窮于內者矣且逆賊三面距魯々知賊刼聚甚多賊若南下

魯必出大衆以搗其巢賊若守邊我又可出銳師以擊其後賊若分頭應敵則兵單餉匱北制南牽又賊勢之必窮乎外者矣此皆臣親身目擊段段實境字字真情賊情如此賊勢如彼殄滅可期恢復可奏也

按論列賊之情勢無一語不確雖託空言要皆實事故錄而存之

侍郎賀世壽言今日更化善治莫若肅紀綱而慎刑賞口頭報國河上擁兵 數已盈功名不立人主輕此名器矣

至於草澤語雖實繁有徒未見兵勇殺賊但見兵來虐民小民不恨賊而恨兵甘心舍順而從逆不肖有司日刑剥其民而求為保障必不可得也

馬士英特舉阮大鋮

阮大鋮字集之號圓海桐城人天啓時為大常少卿以魏黨思廟欽定逆案禁錮大鋮本士英之房師既被廢寄居金陵與孔昭士英及太監李承芳交密士英撫宣大以總監王坤論罪及周延儒再相大鋮士英同餽萬金求復官

奪于物議僅起士英兵部左侍郎提督鳳陽此崇禎壬午四月也至是士英思所以酧之孔昭殿爭因大鋮而發也六月六日壬戌士英奏冒罪特舉知兵之阮大鋮當赦其徃罪即補臣部右侍郎許之時士英乘（秉）高弘圖督漕米入即自擬旨賜冠帶陛見舉朝大駭初八甲子高弘圖曰大鋮可用必須九卿會議士英曰會議則大鋮必不得用高曰臣非阻大鋮舊制京堂必會議乃于大鋮更光明士英曰臣非受其賄何所不光明高曰何必言受賄一付廷議

國人皆曰賢然後用之耳弘圖出即乞休

姜曰廣辭歸疏云臣前見紛爭既慚無術調和迫見逆案

掀翻又愧無能豫寢遂使十七年之定力頓付逝波陛下

數日之明詔竟同覆雨梓宮未冷增龍馭之凄凉制墨未

乾駭四方之觀聽惜哉維新遂有此舉臣所惜者朝廷之

典章所畏者千秋之清議而已　初九日乙丑士英復爲

大鋮奏辯言魏忠賢之逆非閹賊可比且力攻弘圖曰廣

吕大器諸人護持局面謂于所愛而登之天者即曰先皇

帝原無成心也于所忌而錮之淵者即曰先皇帝定案不可翻也欺妄莫甚　十一丁卯給事中羅萬象奏曰輔臣薦用大鋮或以愧世之無知兵者然而大鋮寔未知兵恐燕子箋春燈謎即枕上之陰符而袖中之黃石也伏望許其陛見以成輔臣吐握之意禁其復用以杜邪人覬覦之端　御史詹兆恒奏曰欽案諸人久圖翻局幸先帝神明内斷確不可移陛下蹕御龍江痛心先帝異變與諸臣抱頭號哭百姓聞之莫不洒血搥胸顧思一振迨聞燕齊之

閭士紳皆白衣冠籲先帝而呼天驅殺僞官各守隘險此誠先帝德澤在人國憤非常有以激發其忠義耳今梓宮夜雨一杯未乾太子諸王六尺安在國仇未復而忽召見大鋮還以冠帶豈不上傷在天之靈下短忠義之氣　十三己巳呂大器奏曰先帝血肉未寒爰書凛若日星而士英悍然不顧請用大鋮不惟視吏部如芻狗抑且視陛下爲弁髦　又言近年溫周擅權老成凋謝一時庸奸僨事中原陸沉皇上中興一時雲蒸蔚起不意馬士英濁亂朝

政夫士英非以賄敗問遣借逯知兵而為鳳督武乃挟重兵入朝靦顔政地南國從来藹〻一凌撥而殿陛嗜啞叱咤藐至尊為贅旒矣逆案一書先帝定為辭賊而士英拉大鋮于尊前徑授司馬布立私人越其傑楊文驄等有何勞績倏而尚書宮保內閣倏而金吾世蔭也

郭維經奏曰案成先帝之手今宣錄將修若將此案扶殺不書則赫〻英靈恐有餘恫非陛下所以待先帝者書之而與今日起用大鋮對照則赫〻今旨未免少懲并非輔

臣所以愛陛下也惟願陛下愛祖宗之法因愛先帝並愛先帝之絲綸　十四庚午兵部郎中尹民興言熹廟時崔魏煽逆士大夫喪恥忘君几成苞孽之固垂至先帝末載天子下席諸臣或匍伏而拜爵或獻策以梯榮皆忠孝不明之流禍也申罪討逆司馬職也今抗顔堂上者一逆案之阮大鋮即行檄四方何以銷跋扈將軍之氣古者破格求才惟曰使貪使詐不曰使逆逆案可及崔魏亦可恤周鍾諸孽皆可使才宥過矣　十七癸酉御史左光先言阮

大鋮線索逆黨野子傅應星殺臣兄光斗及魏大忠楊漣
士英冒罪特舉明知無復有罪之者皇上不改先帝之改
臣忍忘不及之仇耶　十八甲戌詹兆恒進魏黨欽案原
本御史陳良弼諫阻勿翻逆案
時懷遠侯常延齡太僕少卿萬元吉御史王孫蕃等各言
逆案不可翻阮大鋮不可用俱不聽馬士英自辯在兵言
兵弘光慰士英切責科道
阮大鋮于六月初八入見備陳見往之由并具聯络控根

進取接應四策又陳長江兩合三要十四隙俱稱旨竟用為江防兵部尚書　九月初一侯椰祚昌催補阮大鋮官即命添注兵部右侍郎仍禁朝臣不得把持阻諫

李沾大臣去畱甚重疏

奏為一官之用舍甚輕三輔之去畱甚重懇乞速趣視事以慰人心以崇國體事切惟天下安危全在政府得其人則治不得其人則亂誠得其人矣任久信專則治否則亂先帝憂勤惕勵日昃不遑而止以求治太速進退太輕十

七年凡用過輔臣五十餘人賢者不得盡其用不肖者得以濫其席而國家之事遂大壞而不可收拾皇上御極之初首重爰立廷推之後復行咨訪一時中外共慶得人乃不踰月而遽以爭論阮大鋮紛紛求去臣切惑之昔王旦寇準力爭丁謂而二公皆賢相及丁謂卒用未聞王旦遽去也夏原吉楊士奇與蹇義力爭伏百安而二臣皆君子及伏安卒不用未聞蹇義求去也語云中流遇風雖胡越人相救如左右手寧可以一時上殿之爭而遽忘同舟之

誼乎方今國勢危如累卵闖掠重資歸秦　義聲以取燕朔馬南嘶賊氛東犯刻刻可憂且首輔督師而將師未聞用命鎮臣分汛而兵民尚爾相圖此正諸臣畢智竭力扶危定傾之日也而乃一謀不合急欲抽身試問今日立朝錢何人也起用諸臣十無一二至六卿之中去一冢宰又去一司空吴惟有垣中數員後先就道而一闇朝議紛紜徘徊不進倘輔臣更有論大鉞而去者現在臺臣必更有議輔臣而去者邇遠近驚傳聞風裹足無望其復來矣落

落晨星成何景象臣于是不能無進規于三輔也至於樞輔勞苦功高銳圖恢復豈可因薦舉一人阻于衆議遂爾灰心耶唐郭子儀奏除州縣官一人不報自令僚佐進賀以為人主親厚之至顧樞以此自廣用舍聽之朝廷是非付之公論不復置議焉可也臣薦吳甡而操臣爭不薦錢謙益而臺議之至會議始末萬目難掩銓臣詆之為病狂囈語臣皆不置辯揔以國步難艱非臣子聚訟之地顧敦
諭 三輔臣即時入直化異同以圖匡贊省議論以崇事功

所關國計非渺小也

劉宗周論時事

甲申六月起劉宗周都察左都御史初十丙寅宗周三抗疏論時事不署銜止稱草莽孤臣首言大鋮進退關係江左興亡又言討賊之法有四一曰據形勝以窺進取江左非偏安之業請進而圖江北今淮安鳳陽安慶襄陽等處雖各立重鎮尤當重在鳳陽而駐以陛下親征之師中都固天下之樞也東扼徐淮北控豫州西顧荊襄而南去金

陵亦不遠以此漸恢漸進秦晉燕齊當必響應兼用一面之網聽其殺賊自效賊勢益孤賊黨日盡矣一曰重藩屏以資彈壓地方之見賊而逃總由督撫非才不能彈壓遂不具論即如淮陽數百里之間有兩節鉞而不能禦亂賊之南下遂致淮北一塊土拱手而授之賊尤冣可恨者路振飛坐鎮淮城以家眷浮舟於遠地是倡之亂也于是鎮臣劉澤清高傑遂相率有家屬寄江南之說尤而效之又何誅焉按軍法臨陣脫逃者斬臣謂一撫二鎮皆可斬也一

慎爵賞以肅軍情今天下兵事不競極矣將悍兵驕已非一日今請陛下親征所至亟問士卒甘苦而身與共之乃得漸資騰飽徐張撻伐一面分别各師之封賞孰應孰濫輕則量收戾爵重則併奪侑爵軍功既核軍法益伸左之右之無不用兵夫以左師恢復焉而得封高劉敗逃也而亦封又誰爲不封者武臣既濫文臣隨之外廷既濫中璫從之臣恐天下鬧而解體也一曰覈舊官以立臣紀燕京既破有受僞官而逃者有在封守而逃者有在使命而逃

者于法皆在不赦急宜分别定罪至于僞命南下徘徊于順逆之間者實繁有徒尤當顯示誅絕行此數者于討賊復仇之法亦略具是矣若夫邦本之計貪官當逮酷吏當誅循良卓異當破格旌異則有安撫之役在而臣更有不忍言者當此國破君亡之際普天臣子皆當致死幸而不死及膺陞級能無益增天譴除濫典不宜概行外此後一切大小銓除仍請暫稱行在少臣子負罪引慝之誠

又疏言賊兵入秦踰晉直逼京師大江以南固晏然無恙

也而二三督撫曾不聞遣一人一騎北進以壯聲援賊遂得長驅犯闕坐視君父危亾而不知救則封疆諸臣之坐誅者一既而大行之凶聞確矣數天痛憤奮戈而起決一戰以贖前愆又當不俟朝食而方且仰聲息於南中爭言固圉之事卸兵權於閫外首圖定策之功督撫諸臣仍復安坐地方不移一步則封疆諸臣之坐誅者二然猶或曰事無禀承追新朝既立自應立遣北伐之師不然而亟馳一介使賫臘丸間道北進或檄燕中父老或起塞上豪士

共激仇恥哭九廟之靈奉安梓宮兼訪諸皇子耗苟效包骨之義雖逆賊未始無良心而諸臣計不及此也又不然亟起閩帥鄭芝龍以海師直擣燕都令九邊督鎮卷甲啣枚出其不意事或可裁而諸臣又不出此也紛紛制作畫屬體面天假之靈僅令吳鎮諸臣一奏燕京之捷將置我南中面目於何地則舉朝謀國不忠之坐誅者三而更有難解者先帝升遐須行喪詔何等大典而遲滯日久距今月餘未至臣鄉在浙如此遠省可知時移事換舛謬錯出

即成服祇成名色是先帝終無服于天下也則今日典禮諸臣之宜誅者四至罪廢諸臣量從昭雪自應援先帝遺詔而及之一槪竟用新恩即先帝誅璫鐵案前後詔書蒙混勢必彪虎之類盡從舉反而後已君父一也三年無改之謂何嗟乎已矣先帝十七年之憂勤念念可以對皇天而泣后土一旦身殉社稷羅古今未有之慘而倉報于臣工乃如此之簿仰惟陛下再發哀痛之詔立興問罪之師請自中外諸臣之不職者始

七月廿一日丙午劉澤清高傑劾奏劉宗周勸上親征以動揺帝祚奪諸將封以激變軍心不仁不知獲罪名教　三十乙卯劉良佐劉澤清各疏參劉宗周勸主上親征爲有逆謀　八月初二丁巳高傑等公疏請加劉宗周以重僇謂疏自稱草莽孤臣爲不臣澤清以稿示傑傑驚曰吾輩武人乃預朝中事乎疏列黄得功名得功君又疏辯實不預聞馬士英陰尼之不得上士英仍擬旨云憲臣舉日原以議論取重蓋刺之也　廷議欲譴高劉而莫可誰何欲

罪宗周而難違清議史可法周疏兩解之曰廷臣論是非疆臣論功罪各不相礙　二十日乙亥劉澤清復揭公疏糾姜曰廣劉宗周謀危社稷　九月初十乙未宗周致仕宗周於七月十九甲辰到任至九月初十致仕凡任都察院左都御史四十九日

馬士英奏大計五欵

一聖母流離可密諭高傑部將衛迎一皇考追尊廟號還梓宮南來一皇子未生即勑慎選淑女一諸藩失國恐有

奸宄挾之不利社稷宜迎寘京師

宋劼疏畧

監軍僉士宋劼上言臣民苟安江介恐非所以保江介諸臣苟存富貴恐非所以保富貴也　人生止有此時日人生止有此精神古賢惜寸陰運甓舞雞皆勞筋骨於有用

黃澍以笏擊馬士英背

黃澍字仲霖徽州人崇禎丙子舉浙闈丁丑登進士授河南開封推官以固守功擢御史巡按湖廣監左良玉軍甲

申弘光立六月二十日丙子澍同承天守備何志孔入朝求名對旣入見澍面糾馬士英權奸誤國淚隨語下弘光大感動顧弘圖曰黄澍言言有理卿識之名入御座前澍益數其罪士英不能辯一語志孔復前佐澍言士英無上諸事秉筆太監韓贊周叱志孔退曰御史言事是其職内臣操議殊傷國體士英亦跪求處分適跪澍前澍以笏擊其背曰願與奸臣同死士英呼號曰陛下視之弘光揺首不言良久謂澍曰卿且出贊周命執志孔

弘光私諭贊周云馬閣老宜自退避士英遂稱疾盡移直廬器具以出而以金幣分餽福邸舊閣田成張執中兩人向弘光泣曰皇上非馬公不得立若逐馬公天下皆議皇上背恩矣且馬公在閣諸事不煩皇上可以優閒自在馬一去誰復有念皇上者弘光默然田成即諭士英疾趨入朝隨有旨何志孔本當重處首輔極爲求寬具見雅度姑饒他有民謡曰要從奸須種田欲裝啞莫問馬

按弘光朝未始無人惜乎其不能聽也

黄澍論馬士英十大罪

奸督有十可斬之罪謹詳列以求聖斷以質公論事痛自亂賊猖狂宗社失守幸皇上應運中興大張撻伐臣小臣也臣緘口容ヽ何能自保顧臣受國厚恩禀性剛烈不顧利害致捋虎鬚臣今日言亦死不言亦死言則馬士英必殺臣不言而苟且偷生臣不死于賊而死于兵均之死也臣敢冒死言之奸督自任數年以来有功無罪臣謂可斬之罪有十焉鳳陵一抔土國家發祥之地士英受知先帝

自宜生死以之巧卸重担居然收兵萬世而下貽皇上以輕棄祖宗之名是謂不忠不忠者可斬也國亂初定人人拚必死之志為先帝復仇士英總督兩年居肥擁厚有何勞苦明聖之前動云勞苦多年是謂驕蹇驕蹇者可斬也奉命討獻而足未嘗跨出蘄黄一步奉命討闖而足未嘗跨出壽春一步躭遲歲月以致賊勢猖狂不可收什是謂誤封疆誤封疆者可斬也献賊兵部尚書周文江引賊破楚省教獻下江南及左鎮恢復蘄黄之後周文江之金

朝以入而參將之薦夕以上朦朧先帝貽禍地方是謂通賊通賊者可斬也　市棍黃鼎無以報德用其叅謀馮應庚私鑄闖賊銀印一顆上篆果毅將軍印托言奪自賊手飛報先帝士英蒙厚賞黃鼎等俱加副將今蘇城士民有假印不去真官不來之謠是謂欺君欺君者可斬也　皇上中興人歸天與士英施施然以為非君莫能為始而居功後必蔑上其目中無朝廷久矣金陵之人有若要天下平除非殺了馬士英之謠是謂失衆望失衆望者可斬也

生平至污至貪清議不齒幸以手足圓滑偶脱名于逆案其精神滿腹無日忘之一朝得志遂特薦同心逆党阮大鋮大鋮居朝爲逆賊居家爲清唱三尺之童見其過市輒唾罵之士英首等啓事對人云我要操朝權必先自用大鋮始魏黨貽禍至今爲烈敢於蔑侮前朝矯誣先帝踵其所爲恨不起逆黨於地下而與之用謀是謂造叛造叛者可斬也　減尅兵粮家肥兵瘦平素不能行恩臨事豈能用威一旦有急挾君父而要之是皇上之名器爲請罪

之寅緣在各鎮忠義自舊人人願報明主皇上念行間勞
苦破格殊恩士英動云都是我在皇上面前奏的善則歸
君其義謂何是謂招搖騙詐招搖騙詐者可斬也　宸居
寥落長江浩渺士英不爲嚴御警蹕禁防江流而馬之兵
械剏營私居以防不測何其愚以保金帛何其智以守園
陵何其怯以壯甲第何其横是謂不道不道者可斬也
上得罪於二祖列宗下得罪於兆民百姓舉國欲殺犬彘
棄餘以奸邪濟跋扈之私以要君爲賣國之漸十可斬也

士英有此十大罪皇上即念其新功待以不死當削去職
御責之速赴原任廣聯聲援庶可以慰祖宗在天之靈謝
億兆萬人之口而奸狡日深巧言狂逞此豈一日可容於
堯舜之世哉伏乞大奮乾綱下臣言於五府六部九卿科
道從公參議如臣一言涉欺皇上即誅臣以爲嫉功害能
讒誣大臣之戒如臣言不謬亦乞立誅士英以爲奸邪誤
國大逆不忠者之戒抑臣更有說焉臣昨赴都見吏部侍
郎吕大器曾疏參士英臣尚未見全抄要之大器亦非無

罪也悻戾自用反覆陰陽臣曩在都門與臺臣王燮曾交章參之臣到九江甚鄙其爲人昨士英指臣有黨今必以臣黨大器爲題故爲明白揭破臣言官也明知害之所在與死爲隣職掌所關不敢不爭士英即旦夕殺臣臣甘之如飴矣因補疏直陳顛末字稍逾格惟皇上乾斷施行

黄澍再抗疏

奏爲臣罪宜死臣義宜去臣事宜竣臣心宜明乞皇上勅廷臣明白直提速賜定奪毋俾孤臣呼天無路事臣自十

九日陛見面糾奸臣馬士英罪狀此非一人之私言皇天后土祖宗臣民共聞此語臣當此時已置七尺於度外皇上不即加之誅者君之恩而臣誓不與奸俱生者臣之志臣隨於十九日退朝之後拜有微臣因公正奮發一疏臣即於本日因服待罪私寓求皇上下臣刑部收臣勑印又於二十日拜有奸督十可斬之罪一疏求皇上勑五府六部九卿科道公議士英及臣是非公案今閱六日兩疏俱未奉旨豈皇上留中不發耶抑廷臣有所隱忍故爲此遲

回耶夫以奸臣挾震主之權廷臣畏之如虎然何難明正臣罪以洩士英之忿耳今日不死于皇上之前異日必死于奸臣之手何如明白直捷以謝士英以安反側所謂臣罪宜死者此也奸臣手握重兵一日在朝則威靈罒震一日不去位則朝廷不尊其關係為至重至于臣一身似葉人微官渺如長江一鱗太倉一粟去留何足為國重輕廷臣即體皇上登寶之功予臣寬典亦乞明白直捷削奪斥譴況臣覡[實]不願與奸臣同日月不走何待所謂臣義宜去

者此也當臣之来也實受楚中撫臣及鎮臣重託以江南半壁餉軍無餉為憂臣今即死或不既死且去然臣不忍不終事而死且去也必將左鎮兵餉數目討一着落上宣
皇上德意下亦不負同事苦心臣乃得坦然明白死且去也今臣乞餉之旨下部矣而未見部議若何若推若委若遲若疑虛延歲月誤乃公事誰肯為户兵二部任其咎耶或昭明旨與臣酌議或部議不須臣參酌無事與聞亦乞明白直捷便臣去就所謂臣事宜竣者此也臣之不惜官

不怕死非今日始自先帝時臣以守汴一案荷先帝特恩爲奸權側目先帝憐臣孤苦鑒臣愚直臣不于彼時苟且功名愛惜身命豈今日大奸在朝大賊在朝臣將于何處求生活願在廷諸臣無以臣爲功名身命之臣直揭明白與衆共見所謂臣心宜白者此也伏乞皇上將臣前一疏簡發併乞勑戶兵二部將近日兩奉明旨酌議左鎮兵餉兩疏速爲條分縷析派示鎮定毋致夜長多夢臣生死進退之裕如謹呼籲請旨

黃澍三抗疏

題為聖朝無終塞之言路中興無倒置之大權舉朝有未昧之人心萬世有一定之公論願與賊臣俱死以明孤孽本懷事臣近按本朝遐稽往牒每當治亂之關必有奸臣為政而為之言官者不識忌諱螳臂當車或身膏鼎鑊或竄或囚或黜落以去或不得其所而死前者受烹後者踵至夫豈真不惜身命棄血肉之軀于一擲哉義有所必爭不暇為一身禍福計也臣于奸臣士英寧不知一言立死

然臣既已言之矣言臣職也臣明知奸臣無可赦之罪而臣不言臣負陛下陛下若愛士英若畏士英留臣之疏不下是陛下負臣自此言路結舌是陛下負言路也嗟乎臣伏覩皇上英明似先帝而敦毅大似神祖然中興豈曰無策士英生當周宣王漢光武之日而顯行莽卓瞞懿之志不知其目中胸中以陛下爲何如主且謂普天下爲何如臣也臣竊以爲陛下愛士英自古未有養乳虎枕卧榻馴戎狄于房帷者若云畏士英則士英實不足畏使士英而

居然祖闖獻也則誠可畏若猶掛名天朝委質侍主除是去乃邪心寢乃邪謀即太祖以下寔憑之若猶是叵測也一夫一婦能制其魄况今日忠君愛國之人實〻有能制其命者士英不足畏也臣言而當陛下宜下臣前疏俾士英止謗自修痛自悔過臣則明〻為士英益友臣言無當陛下亦宜下臣前疏明正臣妄言之罪臣之痛自悔過臣亦明〻為士英之罪人臣竊觀近日以來奸臣四布引用私人恐自此兩三月舉國知士英不知有陛下矣塞言路

以閉陛下之耳目攘太阿以盜九重之威福豈不痛哉而臣竊聞士英亦有疏參臣矣臣不敢謂臣無過但臣三年守汴一年援楚事事可以對皇天而質鬼神獨不知士英參臣者為何等語今聞蜚語四出有曰皇上怒臣甚旦夕逮臣矣又有告臣曰樞輔位尊而金多權重而寵固子得止且止矣又有密語曰士英屈體求楚之鄉紳羅織臣而楚臣揎臂不應矣又曰士英與署麻城縣光棍之黃鼎倡和附會謀殺臣矣又曰士英伺臣行將遣腹心刺士殺臣

於途矣如是者日至臣無懼志也皇上能殺臣士英不能殺臣〻方乞靈二祖列宗先帝之靈以殺士英而士英必不能殺臣但哀求皇上當發臣疏并簡發士英之两疏臣胸中尚有萬餘言待其疏下一〻發明以存此一段公案于天下後世臣旦暮死無恨如两疏俱留是皇上以待士英者待臣臣不服也是皇上以疑士英者疑臣臣不敢也故冒再陳臣去楚有日旦夕待命一字一血無任激切呼籲之至

黄澍上中興八策

一曰用正人以端國本事定亂之一二臣上係九廟安危下關人心向背内則百僚之觀瞻外則大帥之彈壓其在今日尤爲喫緊此必皇上内秉精明外采輿論國人皆曰可用則用之國人皆曰可殺則殺之毋因一時之才情博辨誤信小人使黨羽既成禍患驟作先帝全盛之金甌必以宰輔混淆中樞敗類遂致于亾矧今國事初定人心皇皇自古未有奸臣在朝而將帥能成功于外者此言至痛

至切千古同慨惟皇上留神特察天下幸甚
二曰收碩望以鼓人才事詩曰人之云亡邦國殄瘁此言
老成之凋殘而禍患之同作也國家惟老成人舉止慎重
典故周詳行稍近于迂濶而徃徃為正人君子之所依中
興之助此為最也伏望陛下博採歷朝以來名流碩望清
操端凝之臣師事數人以樹儀表先使輦轂之下貪污咋
舌奸邪閑氣无所容其樹党庇奸之私而後討國門以外
之賊先难也昔有呂萊去丁之謡宋有檜去綱來之語不

可不察惟皇上留神省覽

三曰慎名器以杜僥倖事朝廷所立者紀綱士人所重者廉恥每見國家多难有一番興革便有一番僥倖大牴不忠不孝之人占風望氣利于國家有变以施其遭睡燃灰之狡此爲大害所關莱傭之乞官貪夫之鬻爵犹其小也盜賊竊發自魏璫窺竊神器以來寔醸今变附逆諸人所當與闖献同論者也比聞稍稍引進元人臣礼莫此爲甚蓋附逆之人與薦逆之人皆有賊心伏乞陛下懸諸日月

以除魍魎九州人士想望施行惟皇上留神省覽

四曰蓄剛斷以振怠荒事書曰惟克果斷乃罔浸艱斷之一字斬蔓之利及除毒之奇藥自古除大难定大業非優游姑息所能與于斯也伏乞陛下確見是非信賞必罰无功而賞則功不劝无因而前則賞亦疑行間之人嗅以朝氣規避之吏立械而肆諸市朝臣見年來監司守令優游飽煖即有官稍涉艱險則无官空國無人誰與共理迁除數年以來閩变中途而返不有重刑何以起儆継自今規

避者與失守同罪此亦振刷人心精明國体之一端矣惟

皇上留神省覽

五曰量出入以裕兵餉事欲圖恢復則兵其首重矣欲圖用兵則餉其要務矣伏乞皇上勑户臣將現在省直一切錢粮除免外將本年各項本折色造一簡明册并勑兵臣造一天下兵馬簡明册此一册者皇上時〻置之案頭納之袖中某兵食某餉某人督催和盤打算量入為出凡有呼籲按本而應之臣曩在北都見司農者不知天下錢粮

之數司兵者不知天下兵馬之數大事糊塗所由壞也曾以此說陳之先帝先帝以為可況在今日尤宜加意惟皇上留神省覽

六曰壯義問以感人心事唐臣陸贄曰動人以言所感已淺言又不切人誰肯懷比皇上登極以來所下明詔須條分縷析淳藹周詳然愚臣猶謂悲愴感激之志尚存乎見少也夫際乱離者恒多況激之音倡中興者必須光明之詔一切明詔所下務使豪傑風生下黎感泣至于先帝十

七年之英明仁儉篇篇宜載皇上所發奮討賊之志處處宜詳若徒然循例蠲免之書不過一節中興聖人豈止是乎惟皇上留神省覽

七曰却甘言以寢讒諂事皇上之興其生不偶皇上運值中興以序以德非帝而誰定策諸臣祇以復仇雪恥爲重勿以擁戴迎駕爲功事事當爲皇天后土所憐事事毋爲闖賊大清所笑爵賞所加無先行間而後文吏章奏之内亟黜承美而獎受危後偏安者其罪可誅肆邪說者其心

必異國家有一定之典章先帝有不易之成憲詡敗為功借名掠美朋友之義犹尚非之况貪天功以為己力乎帝心至公防微杜漸惟皇上留神省覽

八曰練禁兵以張神氣事南都自承平以来人情積安筋肉緩弛不有張皇難共患難伏乞皇上萬幾之暇留心武備躬擐甲胄克詰戎兵在内責之典禁之臣在外責之抽練之將多須三万步亦万餘時々躬親訓練以壯畿甸皇上以播迁困苦之身曩在中州親見賊難恐在廷諸臣未

有熟知賊兵形勢如皇上者但得一人收一人之用毋致干人有干人之心在皇上將〻妙用非臣敢擅議也惟皇上留神省覽

七月二日丁亥著黄澍星回地方料理恢復承襄時澍連上疏十内多糾士英者弘光不得已屢諭趋其赴楚乃去

按總覽前後諸疏逼真古名臣奏議有胆有識落筆妙天下者也然其侃〻而談无少頋忌者盖狹良玉以為重也而士英之所以不敢遽斥澍者亦畏良玉

耳不然呂大器一參士英即有旨予告去或刑部逮問矣亦何愛乎澍何憚乎澍而縱之楚耶後澍降于吾大清官于閩謀擄鄭成功家屬以致边患遂罷職萬[擄鄭]

元吉禦寇全踈䟽

賊今被創入秦挑精選鋭乘涎東南轉盼秋深若出商漢則徑抵襄承出豫宋則直窺江北兩處兵民積怨深怒于斯時民必爭迎賊以報兵丶更退而疑民進而畏賊恐將士之在上游者卻而趨下在北岸者急而渡南金陵重地

武備單弱何以當此臣入都將近十日竊人情類皆積薪厝火安寢其上居功者思爲史册之矯誣見才者不顧公論之汪射舌戰徒紛寔倫不講一旦有急不識諸臣置陛下于何地得毋令三桂等竊笑江左人物功非功而才非才乎從來戰勝首称庙堂若堂若使在廷无公忠共濟之雅斷未有立功于外者伏乞皇上申諭大小臣工宜盡洗前習插勵後圖毋急不居之功名毋冐不可違之請議捐去成心收集人望務萃申志以报大仇集群謀以制大勝

社稷受其福已

馬士英請納銀

馬士英請免府縣州童生應試上戶納銀六兩中戶四兩下戶三兩竟送學院收考時溧陽縣李思謨不令童生納銀特降五級又詔行納貢例廩生納銀三百兩增六百兩附七百兩又制廩生加納通判又開列助工例武英殿中書納銀九百兩文華中書一千五百兩內閣中書二千兩待詔三千兩拔貢一千兩推知銜二千兩監紀職方万千

不等皆以助軍興也時爲之語曰中書隨地有都督滿街走監紀多如羊𦠆方賤如狗𧆛起千年塵拔貢一呈首掃盡江南錢塡塞馬家口至乙酉二月輸納富人授翰林待詔等官故史云翰林滿家走也

馬士英疏請北使

馬士英以大清攝政王所諭南朝官民示奏聞請遣官賫詔北行士英疏曰據東平伯劉澤清揭前事內称六月初六日拠北來难民嚴太張敬山等報称大清五月初一日

追賊至京出示云大清國攝政王令旨諭南朝官紳軍民人等知道曩者我國欲與尔大明和永好享太平屢致書不荅以致四次深入期尔朝悔悞耳豈意堅执不從今被流寇所滅事屬既往不必論也且天下者非一人之天下有德者居之軍民者非一人之軍民有德者主之我今居此為尔朝雪君父之仇破釜沉舟一賊不滅誓不返轍所過州縣地方有能削髮投順開城納欵即與爵禄世守富貴如有抗拒不遵一到玉石不分盡行屠戮有志之士正

幹功名立業之秋如有失信將何服天下乎特諭看得清
示是不知中國已有主矣理合速差文武二臣頒詔北行
以安燊漢臣民之心從此東南又換一局臣已遣陳新甲
向議欵主事馬紹愉往督輔史可法處相機商酌
十六壬申馬士英舉陳洪範北行　十九乙亥僉都左懋
第以母死于北京願同陳洪範北使　初六辛卯弘光視
朝畢召廷臣及左懋第陳洪範馬紹愉議北使遂召面對
諭之

姜曰廣論中旨

祖宗会推之典立法万世无獘斜封墨勅覆轍具在臣覌先帝之善政雖多而以堅持逆案爲盛美先帝之害政亦閒出而以頻出中旨爲亂階用閣臣内傳矣用部臣勳臣内傳矣選大將言官亦内傳矣他无足數論其尤者其所得閣臣則逢君殃民奸險刻毒之温体仁楊嗣昌偷生從賊之魏藻德等也其所得部臣則貪猾邪陰之陳新甲等也其所得勳臣則力阻南迁盡撤守禦稚狂之李國禎也其

所得大將則紈袴支離之王樸儗寵輩也其所得言官則貪婪无賴之史堃陳啟新也凡此皆力排衆議簡自中旨者也乃其後效亦可覩矣且陛下亦知内傳之故乎總由鄙夫熱心仕進一見擯于公論遂乞哀於内庭線索閼通中自有竅門户推折巧爲之詞内庭但見其可憐之狀聽其一面之詞遂不能无聳動間以其事密聞于上又得上之意旨轉而授之于是平臺召对片語投機立談取官有若登場之戲臣眥痛心此獘亦于講藝敷陳但以未及暢

語至今犹存隱恨先帝既悮陛下豈堪再悮哉天威在上
咨勿深嚴臣安得事〻而争之但願陛下深宫有暇溫習
經書問取大學衍義資治通鑑視之如周宣漢光之何以
竟恢遠烈晋元宋高之何以終狃偏安武侯之出師征蛮
何惓〻以親君子必遠小人為説李綱之受命禦寇亦何
以切〻信君子勿閒小人為言苟能思維必能發明聖性
黜破邪謀陛下與其用臣之身不若行臣之言不行其言
而但用其身是犹獸畜之以供人刀俎也

李模臣誼國體疏

國子監典籍李模奏曰今日諸臣能刻刻自認先帝之罪臣方能紀常勒卣蔚爲陛下之功臣日者庙堂之争幾成鬨市恐傳聞遐迩不免開輕視朝廷之意原擁立之事皇上不以得位爲利諸臣何敢以定策爲名而甚至輕加鎮將于義未安鎮將事先帝未聞效桑榆之收事陛下未聞彰汗馬之績按其寔亦在戴罪之科而予之定策其何以安倘謂劝進有章足當夾輔抑以勗勉敵愾無嫌溢称然

而名實之辨何容輕假夫建武之鄧禹猶慙受任无功唐肅之郭子儀尚自詣闕請貶願陛下勅諭諸大臣立志以倡率中外力圖贖罪勿但炫功必大慰先帝殉國之灵庶堪膺陛下延世之賞一概勲爵俱應辞免以明臣誼至于絲綸有体勿因大僚而过繁拜下宜嚴勿因泰交而稍越繁纓可惜勿因近侍而稍寬然後綱維不墮而威福日隆也

崇禎謚號

六月初六壬戌謚大行皇帝曰思宗烈皇帝皇后孝節皇后閣臣高弘圖奉旨撰擬已經點用及考據典則備極嶶隆不必再改下部久矣着即頒詔行至七月初七日遣各官頒行追尊謚號詔于天下忻城伯趙之龍奏辨先帝不當廟號曰思思字非美字盖之龍寔不識一丁李沾唆使排高弘圖也後改毅宗左良玉云思宗改謚明示先帝不足思為馬士英第一罪永曆又謚為威宗吾大清謚崇禎帝為懷宗

追尊福王

六月初六尊福恭王爲恭皇帝正妃曰孝誠皇后生母鄒氏曰仁壽皇太后神庙貴妃鄭氏曰孝寧太皇太后弘光元妃黄氏曰孝哲皇后

封常應俊

六月廿二日封福府千户常應俊爲襄衛伯盖應俊本草工值弘光出亾應俊負之行雪中數十里脱于难因扈衛有功故　亦奇已哉

陳子龍疏

請慎名器謂陛下間關南返從官幾何衛士奄甲寥寥無幾今天位既登來者何衆不過其流何所底止必将人誇翼賛之功家切從龍之念傷体害政非國之福夫功名誇善惟在爵賞一爲輕濫後将无極豈沛故人文墨小吏自昔爲嫌朱紫盈門貂蝉滿座尤乖國典立政之始惟願陛下慎持之嗣後果係服勞有功但當賞之金帛不應授以爵位以貽青風不称之訊犯大易負乘之戒

又疏請用賢勿二爵人宜公一在憲臣之宣名也憲臣老
成　直海内盡知今入國門寄居蕭寺不得一望天顔在
陛下以方諭大臣和衷共濟恐憲臣戇直奏对之際復生
異同然臣以陛下疑畏君子之機從此而生恐君子有攜
手同歸之志黄道同之流皆躑躅而不前矣陛下誰與共
濟天下哉一爲計臣之特用也計臣清端斂練百僚所服
但古制爵人于朝與衆共之墨敕斜封覆轍可鑒万一異
日有奸邪乘間左右先容銓司不及議宰輔不及知而竟

以內降出臣等不争則倖門日開臣等争之則已有前例
立國之始臣願陛下慎持之也憲臣疑指刘宗周計臣則指江陰張有譽也
弘光生日
七月十五庚子弘光生日百官朝賀弘光出內宫監服黄袍十六校尉檯椋轎進坐武英殿文武朝見慶賀折晏散
訖仍回內官監勳臣魏國公徐弘基等各進綵緞茶賀命該衙门察收
張亮奏边防

按盧巡撫張亮奏南北止隔一河疏曰賊若從山東來則淮徐據黄河之險吾能守之若從河南來則我无險可據必濱河地方防守縝密盤詰嚴謹不容一人一船私得暗渡而不知大謬不然者臣衙門承差程之究前撫臣董配玄差往北齎奏陷身賊中四月初九始得脱出詢之究從何處渡河彼云止閘清江浦有把守彼從宿迁覓船至白洋河过渡同行二十人鄉民間有問者荅云南边逃难人輒不為怪也再詢路上有行人否彼云途間遇有車推夜

布茶扇等項皆自南而北赴彼生意臣聞之不覔騐異夫南北止隔衣帶水果能一葦不渡猶慮取道中州乃今何時也而去來自若茫無稽察致使茶扇布箱猶得飽載而往于賊巢行襲斷之計哉從來賊用奸細即以本地之人行之程之究安慶人又係臣衙门差出幸而真也假令人人如此不疑在〻如此可渡即賊之奸細已不知有若干散于大江南北矣濱河者所司何事而踈玩若此哉夫宿迁既有僞官彼已受賊之職自不禁人之渡乃河南守土

者漫不加意此何以故乞勅濱河州縣嚴加盤詰若真〻愚漢歸南者有何憑據務得的確而後許之若販貨北送者仍治以通賊之罪其于封疆之計非小補也

章正宸論時事

吏科給事中章正宸上言兩月以來聞大吏錫鞶矣不聞獻俘武臣私鬬矣不聞公戰老成引遁矣不聞敵愾諸生捲堂矣不聞請纓如此而曰是興朝氣象臣雖愚知其未也計惟有進取為第一義進取不銳則守禦必不堅比者

河北山左忠義响應各結營寨多殺僞官爲朝廷効死力不及今電掣星馳倡義申討是鼓天下之氣而坐失事機也宜亟檄江北四鎮分渡河淮聯絡諸路齊心協力互爲声援使兩京血脉通而後塞井陘絶孟津據武關以攻隴右恐賊不難旦夕殄也陛下又何不縞素親率六師于淮上但陛下之親征豈必冐矢石履行陣哉声灵所震人切同仇虎豹貔貅勇奮百倍也今都門部院寺司各署不称行在而工作儀文　宫闈動揺山東當國大臣但紹述

陋説捐威屈體隳天下忠義之氣臣切羞之陛下赫然欲為中興令主宜嚴敕諸臣速簡尔車徒某舊額某新增水幾何陸几何速備尔芻糗幾何本幾何折主幾費選尔將帥某堪監纛某堪分閫審尔形勢某地建鎮某地設堡某處埋伏某處出奇備尔戈矛繕尔城塹進寸則寸進尺則尺扼險據要大勢已得天下大矣不患無人但未見張韓刘岳之术不應運而出也

李向中陳楚之宥安危

兵部員外李向中言臣鄉湖廣、穷民散乱軍旅空虛万一逆賊競武昌則江南豈能安堵臣謂荊襄兩處宜速設重鎮募大兵以據其上游與淮鳳諸處相為犄角使賊騎不得馳驟漢黄庶可保障江南且襄陽而下漢黄而上為承天陵寝重地按其昭穆迄今僅四世耳當不忍使祖宗血食為賊出没之區乞早為整頓至左鎮駐劄武昌隱然有虎踞在山之勢而撫臣何騰蛟一腔忠義千里干城小民依之若嬰兒之求慈母將士信之若手足之應腹心亦可

謂上下相安而軍民各得者矣近聞有升遷别省之説乞
皇上仍令騰蛟炤舊和裏赴楚臣思保江南者不在逼處
江干而在扼其領要則臣有荊襄為最急矣而安臣有者
拒賊猶後而馭兵為先則知撫臣其不可更矣伏乞聖明
速賜施行

史可法請行徵辟

史可法請行徵辟之法以通銓政之窮疏曰國家設四藩
于江北非為江左偏安計也將欲立定根基養成氣力北

則為恢復神京之計西則為澄清関陝之圖一舉而遂歸全盛耳聖明在上忠義在人君父之仇恥特深海宇之群心競奮在師武臣無不以滅賊復仇為念者乘時大舉掃蕩可期特所慮者兵戈擾攘之中不復有百姓耳無百姓何利于有疆土故此時擇吏不緩于擇將而救乱莫先于救民所謂得一賢守如得勝兵万人得一賢令如得勝兵三千人正今日之謂也然而今日之守令难言雖已前北都未陷求牧方殷非不有破格之陞除何曾收得人之寔

效地有难易缺有炎冷無所不用其營避而兵荒殘破之地卒舉而授之庸人况今日已陷之殘疆另圖恢復安民禦寇万苦万難此豈白面書生所能勝任目今人才告乏資格爲拘東南缺資正復不少安能復填西北之缺使無致嘆于辰星則銓選法窮不得不改爲徵辟往時保舉多係慕羶故擡足蝇營真才畏是今西北則危地也危則人人思避而真從君父起念誓圖除兇雪恥垂功名于千載者乃始投袂而相從請纓而奮起臣以爲宜做保舉之法

通行省直撫按司道及在京九卿科道官果有才胆过人堪拯危乱者不拘資格各舉一人起送到京資以路費赴臣軍前効用酌補守令缺員二年考滿舉升善地三年考選優擢京曹其有靖乱恢疆功能殊異者立以節鉞京堂用示酬功如各官避嫌不舉即聽該科指叅重行罰治若有怀才思售赴臣軍前者騐其真才一體録用再如江北山東河南一帶有能保護一方為民推服者即係桑梓之邦亦可權宜録用總求天恩破格假臣便宜决不敢濫用

匪人自誤進取闖逆賊所至常帶多人得一州即設一州官得一縣即設一縣尹小人不識順逆為所用者恒多况際國祚重新賊籠垂盡則必有桓桓德心之士幅輳而翼中興臣拭目望之矣

章正宸論銓政

吏科章正宸指陳銓政一名器宜慎定策者既懋厥賞其餘人自請叙十倍增官輦金不供刻印寧免瓜果之誚一職掌宜專用人独歸吏部今有咨送者有荐拔者有經是

奏討者冢臣所職幾何一封疆宜肅文武共寄封疆不斬誤國之臣不激報國之氣一廢臣宜餙爵重則人乃効法守則士知恩累累起廢不自靜豈不聞律有罷吏不入國門乎

朱統鑛誣詆姜曰廣

南昌建安王府鎮國中尉吏部候考朱統鑛上書誣詆大學生姜曰廣穢跡定策時顕有異志詞連史可法張慎言呂大器等盖馬士英欲擠可法以独居定策之功刘孔昭

欲去史可法專任田仰爲一綱打盡之計阮大鋮草授統鏻上之疏入高弘圖禀擬究治弘光坐内殿召輔臣入厲声曰統鏻吾一家何重擬也且責弘圖疏吕可法还朝爲非是弘圖抗辯士英默然弘光毎語必左顧田成明有指授者　編年云時弘圖禀擬統鏻應究治不称旨發改禀再擬再改發弘光召入責弘圖把持弘圖力争曰臣死且不敢將順不聽

二十九日朱統鏻參姜曰廣謀逆高弘圖姜曰廣皆引疾

杜門礼科給事袁彭年駁奏曰祖制中尉奏請必先具啟親王參詳可否然後給批賫奏若候吏部則興外吏等應從通政司封進今何徑何竇直達御前徼刺題攻捕風捉影陛下宜加禁戢臣礼垣也事涉宗籓皆得执奏不问户科熊維典言魏公徐弘基特荐張捷亦見勳臣勤于荐吏至朱統〔鏞〕制特參姜曰廣污及家廷曖昧含血噴人不顧拔舌如此不駁朝廷設立言官何用

通政使刘士禎亦言曰廣勁骨鯁性守正不阿居鄉立朝

皆有公論統鏞何人揚波噴血掩耳盜鈴飛章越奏不由
職司此真奸險之尤豈可容于圣世皆不聽
刘澤清控四鎮公疏糾姜曰廣刘宗周謀危社會稷朱統鏞
復訐奏姜曰廣雷演祚周鑣其疏仍出阮大鋮草馬士英
擬旨逮演祚等時演祚居憂鑣爲大鋮最恨人有自比于
孔昭者顕示辣手于同邑大僚一時陰擠而士英借以
迫弘圖曰廣之去耳
陸朗黄耳鼎疏攻姜曰廣徐石麟刘宗周結党欺君把持

朝政无人臣体曰廣石麟宗周尋各予告去

户科吴适疏言曰廣宗周歷事五朝貞心亮節久而弥劭應亟賜留不聽

熊汝霖論異同恩怨

吏科熊汝霖言臣觀目前大勢即偏安亦未可穩兵餉戰守四字改為異同恩怨四字朝端之上玄黄交戰即一二人之舍而始以勳臣繼以方鎮固圉恢境之術全然不講惟舌鋒筆鍔之是務真可哭也且以匿帖而逐舊臣矣俄

又以疎籓而忝宰輔矣繼又喧傳復廠衛而人心皇〻矣
輔臣姜曰廣忠誠正直海內共欽乃么麼小臣爲誰驅除
聽誰主使且闖上章不由通政納結當在何途內外交通
神叢旦借飛章告密墨勑斜封端自此始事不嚴行詰究
用杜將來必致廠衛之害横者借以樹威黠者固以侔利
人人可爲叛逆事〻可作營求縉紳惨衬所不必言小民
鷄犬亦无寧日此尚可爲國乎先帝十七年憂勤曾无失
德而一旦受此奇慘止有廠衛一節未免府怨臣民今日

締造之初如育嬰孩調護爲难豈可便行摧折陛下試思先朝之何以失即知今日之何以得始先帝之篤念宗藩而闖寇先逃誰死社稷保奔换授盡是殃民則今何以使躍治不萌而維城有賴先帝隆重武臣而死綏敵愾十无一二叛降跋扈肩背相踵則今何以使賞罰必當而恵威易行先帝委任勛臣而官舍選練一任飽颺京營鋭卒徒爲寇籍則今何以文書有用客氣是屛先帝简任内臣而小忠小信原先是用闹门延敵且喋傳闻則今何以使柄

先帝搽而思有餘地先帝不次擢用文臣而边才督撫誰為捍禦超迂宰执羅拜賊廷則今何以使用者必賢而賢者必用

疏入士英票旨云這廝指朕為何如主姑罰俸三月

錢増請濬刘家河

戸科錢增疏請修水利言蘇松常鎮杭嘉湖七郡之水以太湖為腹以大海為尾閭以三江入海為血脉葢自吴淞淹塞東江微細独存婁江一派而婁江之婁七十里曰刘

家河乃委江入海之道東南諸水全恃此以歸墟不至橫溢泛濫者則帶水灵長之利也勝國時刘河深廣運艘市舶走集于此近日漲沙淤塞于是東流之水逆而向西淯淯不入灌溉无資兼之歲丶苦魃平疇龟折人牛立槁雖復拮据如林何從乞灵海若而救此涸轍之民乎然此犹就旱暵言耳万一大浸稽天七郡洪流傾河倒峡震泽不能受散漫橫潰勢必以七郡之田廬爲壑而城郭人民益不可问東南数百万財賦尽委逝波其如國計何哉蕪松

巡撫周元泰亦言刘家河急宜開濬工部葉國華又疏請濬吴淞俱下肯該撫察議

太妃至自河南

七月初六辛卯寅時閣臣高弘圖姜曰廣奉肯出郭迎聖母皇太后先是馬士英奏曰雒陽变後聖母寓河南郭家寨有常守豢𥙿之甚確當急圖迎養但事須機密若興大兵往迎恐有阻滯鎮臣高傑言有叅将王之綱者曽在河南招撫李際遇得其欢心又有兵部主事王真卿奉命聯

絡河南各山寨頗有頭緒宜密諭督臣史可法遣王之綱王真卿等同往李際遇處密諭其具舟于河撥兵護送沿流而下地方文武具儀衛迎于徐州庶爲安便從之至是命二輔出迎　八月十三戊辰太后至自河南從儀鳳门入辰刻弘光迎于午门　八月十九諭工部行宫湫隘亟脩西宫之園剋期告成以居皇太后　太后從人王鏞王党梫世指揮

詔選宫女

八月初二日丁巳科臣陳子龍奏有中使四出搜巷凡有女之家黃紙貼額持之而去閭井騷然明旨未經有司中使私自搜採殊非紀法又前見收選內員慮市井無藉自宮希進昨聞果有父子同閹者先朝若瑾若賢皆壯而自宮者也

御史朱國昌言有北城士民呈稱歷選宮嬪必巡司州縣限名定年地方開報今未見官示勿有棍徒哨光徑入人家不拘長幼既云擡去但云大者選侍宮幃小者教習戲

曲街坊緘口不敢一詰
二十二日群奄肆擾收女陳子龍言之命禁訛傳棍徒不許借端詐騙　二十六日傳皇太后遴選中宫　九月九選淑女黄氏郭氏戴氏送内命再選　十八日韓贊周請大婚礼物着光禄寺辦　二十一日諭工部大婚應用珠王等如数解進　二十四日工科李維樾言曰日来道途鼎沸不擇配而过門皆云王田两中貴強取民女以脩宫衛有方士营楊寡婦家少女自刎母亦投井亦大不成辛

動矣　二十五日太監韓贊周再進淑女六名　十月初八日贊周奏淑女齊集　十二日贊周請選淑女于杭州　十四日諭管紹寧京城有女家且無淑女着傳訪細選又諭内官田成李國輔分路速選淑女　十七日諭贊周挨門嚴訪淑女富室官家隱匿者隣人連坐　十一月十二日限中宮礼冠三万金常冠一万金下户部措辦

陳子龍寒心

兵科陳子龍言中興之主莫不身先士卒故能光復舊物

陛下入國門再旬矣人情泄沓无無異昇平之時清歌漏再之中痛飲焚屋之下臣誠不知所終矣其始皆起于姑息一二武臣以致凢百政令皆因循遵養臣甚爲之寒心也

史可法請餉

史可法言臣皇〻渡江豈直調和四鎮哉朝廷之設四鎮豈直江北数郡哉四鎮豈以江北数州爲子孫業哉高傑言進取開歸直擣関雒其志甚銳臣于六月請粮今九月矣寧有不食之卒可以殺賊乎臣子倏遭國難何暇此一

官陋晋宋之偏安者不空言之遂有濟也

吴适請憂勤節愛

户科吴适疏請憂勤節愛言國恥未雪陵寢成墟豫東之奴復先期楚蜀之摧殘弥甚舊都草創一事未齊万孔千瘡憂危叢集又况畿南各省是處旱灾兼之臣鄰消長多虞將帥玄黄搆釁伏惟陛下始終兢惕兼儆祖制早午晚三朝勤御經筵面諮時政親近儒臣朝期先吏傳免而又躬崇儉約尚茅茨而省下作嚴爵賞而重名器錙銖必恤

俾佐軍興諸凡无藝之征一概报罷被灾之地確覈蠲緩墨吏必懲蠹胥必殛根本之計孰大乎此

高弘圖乞歸

十月初六日庚申大學士高弘圖四疏乞歸允之先是章正宸争中旨陞張有譽朱統鑽糾姜曰廣及争用阮大鋮諸票指俱不稱旨發改弘圖力争不聽至是具疏清乞遂予請告去初弘圖家甚富山東遭乱後纖屑无存惟一幼子自隨欲僑居常熟不果寄棲吴门僧寺幼子附讀邮館

已後迂之會稽大清以書召之弘圖不啓書逃之野寺中以幼子託舊館客迂而卒

弘光濁乱

弘光深居禁中惟漁幼女飲火酒襍伶官演戲爲樂修興寧宮建慈禧殿大工繁費宴賜皆不以節國用匱乏因細及緑湖放洋船瓜儀製塩芦州升課甚至沽酒之家每勵定税錢一文利之所在搜括殆盡蓋馬士英當國與刘孔昭比濁乱國事内則韓盧張田外則張李楊阮一唱郡和

兼有興平東平遥制内權忻城撫寧侵撓吏事边境日逼而主不知小人乘時射利識者已知亡在旦夕矣

按韓贊周盧九德張執中田成張捷李沾楊維垣阮大鋮東平刘澤清興平高傑忻城趙之龍撫寧朱國弼

張捷論民心國運

張捷言先帝末造民心兵心士子之心將吏之心先所不壞要皆在廷諸臣之先坏而種〻因之重贿所帰使人不

知有法紀以科場爲壟斷以文字爲糾連奔貪官汚吏之所漁獵豪紳悍士之所鋌逼憤帥驕兵之所淫掠取毒于民〻心既去國運隨之禍慘及先帝矣

按擡此疏甚得當日情景而立朝淡一惟阿党是狥毒更甚爲古人所以致慨于目擡也

國事淆乱

十一月初二日丙戌御史游有倫奏今日國事淆乱不知礼義廉恥爲何物明知君子進退不苟故以含沙之口激

之使去甚至常人所不忍道者嘖于君父之前其視皇上何如主乎臺省中微有糾劾則指為比黨相戒結舌真所謂前有讒而不見後有賊而不知也

時語

二十九日癸丑弘光不豫幾殆輔臣入候群閹竊竊有所指畫良久乃退時弘光嗜飲好內權在群閹田成為最大臣皆因之固寵政以賄成時語曰金刀莫試割長弓早上弦求田方得祿買馬即為官

按是時有閹人張執中年僅十九弘光最之甚恐諸欲見不得即偶出見亦殊驕倨惟馬士英登门乃見咸甶一清茶士英即覺榮甚

史可法請恢復

欽命督師史爲時事万分难支中興一无勝着密請恢復遠略激勵同仇以收人心以安天位事痛自三月以來陵庙荒蕪山河鼎沸大仇在目一矢未加臣脩負督師死不塞責晋之末也其君臣日圖中原而僅保江左宋之季也

其君臣盡力楚蜀而僅固臨安蓋偏安者恢復之步未有志在偏安而遽然自立者也大變之初黔黎洒泣紳士悲歌痛憤相乘猶有朝氣今兵驕餉詘文恬武嬉頓成暮氣矣屢得北來塘報皆言必南窺水則廣調麗船陸則分布精鋭黄河以北悉染腥羶而我河上之防百未料理人心不一威令不行復仇之師不及于關陝討賊之約不達于北廷一似君父之仇置之膜外者近見清示公然以逆之一字加于南辱吾使臣録我近境是和議斷斷難成也一

旦冦為清併必以全力南侵即使冦勢鴟張足以相抗必轉与清合先犯東南宗社安危決于此日我即卑宮菲食嘗胆卧薪聚才智之精神而枕戈待旦合方州之物力而破釜沉舟尚恐无救于事以臣覌庙堂之作用與百执事之经营殊有未盡然者夫将之所以能克敵者氣也君之所以能馭将者志也庙堂之志不奮即行间之氣不鼓夏之少康不忘逃出自竇之事漢之光武不忘蔞蕪爇薪之時臣願皇上之為光武少康不願左右督御之臣以唐肅

宋高之説進也憶前北变初傳人心駭震臣等恭迎圣駕臨莅南都億萬之人欢声動地皇上初見臣等言及先帝則涙下沾襟次謁孝陵賫及高皇帝高皇后則涙痕滿袖皇天后土寔式鑒臨曾幾何時頓忘前事先帝以聖明懼惨禍此千古以來所未有之变也先帝崩于賊恭皇帝亦崩于賊此千古以來所未有之仇也先帝待臣以礼馭將以恩一旦变出非常在北諸臣死節者寥〻在南諸臣討賊者寥〻此千古以來所未有之恥也庶民之家父兄被

殺尚思穴胸斷脰得而甘心况在朝頑可膜視以臣仰窺聖德俯察人情似有初而鮮終改德而見怨以○之强若彼而我之弱如此以○之○仁政若彼而我之漸失人心若此臣恐恢復之无期而偏安未可保也今宜速發討賊之詔嚴責臣與四鎮悉簡精鋭直指秦關懸上賞以待有功假便宜以責成效絲綸之布痛切淋漓庶使海内忠臣義士聞而感激也國家遭此大變皇上嗣承大統原與前代不同諸臣但有罪之當誅寔无功之足録臣于登極詔

槁将加恩一欵特為删除不意頒發之時仍復開載閒大清見此示頗笑之今恩外加恩紛紛未已武臣腰玉直等尋常名器濫觴于斯為極以後似宜慎重專待真正戰功庶使行間猛將勁兵有所激勵也至兵行討賊最苦无粮搜括既不可行劝輸亦竟难強似宜将内庫一切本折盡行催觧凑濟軍需其餘不急之工役可已之繁費一切報罷朝夕之宴衎左右之貢献一切謝絶即事関典礼万不容廢亦宜槩從儉約盖賊一日不滅清一日不歸即有宮

室豈能宴處即有錦衣玉食豈能安享此時一舉一動皆人心向背所關。。窺伺所在也必我皇上念思祖宗之鴻業刻〻憤先帝之深仇振奮朝之精神萃四方之物力以併于選將練兵減冠勳。之一事庶乎人心猶可鼓天意尚可回耳

按此疏酷似賈生痛哭武侯盡瘁之書可惜上于弘光也

十一月二十九癸未布衣何光顯上書乞誅馬士英劉孔昭詔僇于市籍其家

韓贊周泣對

除夕弘光在興寧宮色忽不怡韓贊周言新宮宜懽弘光曰梨園殊少佳者贊周泣曰臣以陛下令節或思皇考或念先帝乃作此想耶

贊周泣对頗有汲黯魏徵之風弘光此想酷似東昏后主一北車

又有說除夕日召大學士王鐸書聯曰萬事不如杯在手一年幾見月當頭并注　居大學士王鐸奉勅書豈不可發一笑

馬士英疏

馬士英疏曰爲請申大逆之誅以洩神人之憤事縉紳之貪横无恥至先帝末年而已極結党行私招權納賄以致國事敗壊禍及宗社闖賊入都之日死忠者寥寥降賊者強半侍從之班清華之選素䴉正人君子之流皆稽首賊庭如科臣光時亨力阻南迁之議而身先迎賊龔鼎孳降賊後每見人則曰我本要死小妾不肯其他逆臣不可枚舉臺省不糾彈司寇不行法臣切齒焉更有大逆之尤者如庶吉士周鍾劝進未已復上書劝賊早定江南又差人

寄其子称賊爲新主盛誇其英武仁明及恩遇之隆以揺惑東南親友見者无不憤恨〻不立毁其家昨臣病中東鎮刘垺清來見誦其劝進表聯云比尧舜而多武功邁湯武而无慚德又闇其过先帝梓宫之前揚〻得意竟不下馬臣聞之不勝髮指其伯父周應秋周維持皆魏忠賢门下走狗本犯復爲厲逆之臣梟獍萃于一门逆悪鍾于前世臣按律謀危社稷謂之謀反大逆不道宜加赤族之誅以爲臣民之戒今其胞兄周銓尚厠衣冠之列其親堂弟

周鑣儼然寅清之署均當連坐以清逆党伏乞皇上大奮乾斷勅下法司先將本犯家屬並周銓周鑣等嚴行提问依律正法其餘從賊苟免諸臣分别定罪庶國法伸而人心儆于新政不无小補矣

又疏請誅逆言溼逆諸臣强半素是正人君子之流礼科袁彭年駁之曰從逆姓名傳播不一在樞輔豢憤塡胸或不免言之偶激然恐僉人乘間陽為正人口寔陰為逆党解嘲甚且借今日討逆之微詞為異日翻案之轉語不至

淆國事而傾善類不已則其害有不可勝言者夫從來善類所歸間襍匪德往〻有之東京盛名豈無逃死之張儉元祐党籍亦有巧免之王章三士作期官業分席七〻賢寄山王可　豈因鄴宮一姓之惡遂毀銅臺全部之音惟是溫公一信蔡京而紹述之禍旅起唐室一進逢吉而興復之業不終孔子曰君子而不仁者有以夫未有小人而仁者也歷觀往事斯言誠千古定案也今日何獨疑之

朱國昌奏

朱國昌言徃者賊入都城自閣部以至庶僚有一不青衣小帽叩首賊庭者乎至賊衆已去又思藏頭換面駕言不屈潛踪覓線兾燃死灰如梁兆暘何瑞徵等万口唾罵矣至若刘大鞏等恥心蕩然當與周鍾輩並行正法者也

胡時亨奏

御史胡時亨言近来章奏文武陛授皆出勲臣之口至謂從逆僞官借口軍前蒙面求進武臣不效命謂文臣掣其肘今不又武臣製（掣）文臣之肘乎又言黄國珍施鳳儀補用臣

寔駭然黄則偽吏部掌硃封者施則官儀伏時語賊不可用亡國之器顧自賠千金造者此何人而辱班行乎

吴适參駁

戶科吴适糾乱政監司一為陳之仲以兖東少參間警潛逃草賊逮問揑称部覆朦補僉憲一為夏万亨中書被察題補劝農知縣加副使銜棄地南奔遂營齎詔之役称副使又借題迎護陞江西布政以邑令而半載而登岳牧一為郭正中以弃人罷加責戍朦選知縣避兵不赴借名修

僭入京奉旨驅逐今又借危疆攛得僉憲由此而推則從賊投用之黄國琦應得畫錦矣　又抄參忻城伯趙之龍荐用人才疏謂陳尔翼須逆有據且荐崔呈秀爲本兵不可復用之龍再疏争之适特疏言祖制惟科臣專封駁之權未聞勳爵而參駁正之司勳臣党邪求勝將部科俱可不設不幾背明旨而蔑祖制乎是時張捷秉銓部務皆阮大鋮一手握定而選郎以貪黷濟之吏道氤雜惟适辯事垣中抄駁侃侃不惮權貴若安遠侯刘祚昌荐授程士

達督理京營适抄叅士達不過積分監生非属科貴正途勲臣乃提督大漢非有標營之責何得侵樞戎戢掌以奪銓部權衡

慶遠知府郭儀鳳疏言掛冠勤王且誣巡撫方震孺貪狀适駁叅郡守无勤王之例掛冠非入援之名儀鳳不候憲檄非奉明綸擅離職守餙詞妄瀆察撫臣清执有素儀鳳穢跡著闻必懼題叅先行反噬自应嚴究以杜刁風

光禄署丞張星疏求考選适駁叅張星初任縣令躐進降

處又掛察典不惟望斷清華之夢亦已身絶仕進之階乃无端幼想僥倖上賞欺君孰甚若不一為黜破則闌门大典烈不幾為燃灰之地向躍之门耶

保定侯勳衛梁世烈請襲祖爵适忝國难以來雖王侯戚里咸餧虎狼華胄重臣悉罹鋒忍而其间脫身圖存埋名溷俗者固亦不乏誒勳何以逆料其家之必殲而忍以子嗣乎万一本宗匹馬來歸將奪諸誒勳以授乎抑姑仍之且兩封乎恐无此法紀也誒勳世受國恩誠恢復有志何难倡諸勳舊破家

從軍自當直擣燕雲上為先帝復仇次為諸勳雪恥尓時訪問本支有無存否然後諸請朝命光復先爵不亦休乎昔李晟收復長安下令軍中曰五日內无得輒通家信今長安未復殊非諸臣問家之日也

遂安伯勳衛陳濬疏請襲廷叅自都邑变迁河山阻绝世次无凭单詞莫信業奉明旨嚴覈該勳一請再請若不能待直視五等之封祇同土塊之乞亦與莱傭都督一醉告身為可乘時拾芥而攘取乎況遂安勳衛今或遯跡閭閻或從容歸國安可

懸坐鬼録使後来鞍馬遺裔执途人而可称攀髯孫忠裂本支而他績也

中書舍人張鍾齡請給部銜适參戎方何官監軍何事妄行陳請若果报國有心何官不可自效而藉口賛畫輒請高銜蹤進尤甚他若革戎司务朱濟之計憲吏部聶慎行副使曾應瑞等蹤跡營陞或疏劾或抄參不少假借无柰人心日競啟事日襍雖經封駁銓部竟置高閣旋駁旋用戎掌掃地胥人盈庭矣

大悲假称定王

甲申十二月南京水西门外小民王二至西城兵馬司报一和尚自言當今之親王速徃報使彼前迎兵馬司申又巡城御史入奏弘光批着中軍都督蔡忠去拿忠率营兵四十家丁二十馳徃和尚坐草廳忠入问曰汝何人敢称親王恐淂罪和尚曰汝何人敢问我左右曰都督蔡爺和尚曰既是官兒亦宜行礼我亦不較且问汝來何故淂毋拿我否忠曰奉聖旨請汝進去和尚即行忠授馬乘之入城有旨委我政趙之龍錦衣堂官馮可忠在都督府會蔡

忠勘问是十二月十七日事和尚供称吾是定王法名大悲和尚今潞王賢明應為天子欲弘光讓位又牵出錢申二大臣言語支吾趙之龍等和顏授紙筆命彼自供奏聞弘光命刑部拷訊係是齊世宗詐冒定王復批九卿科道俱在城隍庙会審端是（詐）非偽合詞上奏即斬首西市

聲色

馬士英聽阮大鋮曰将童男女誘弘光正月十二丙申傳旨天財庫召內監五十三人進宫演戲飲酒弘光醉後淫

死童女二人乃旧院雛妓馬阮選進者樘出北安门付鴇兒葬之嗣後屡有此事由是曲中少女幾盡久亦不復樘出而馬阮搜覓院中亦无遺矣二十日甲辰復名内竪進宫演戲二月二十三日命礼部廣選淑女一日士英云選妃内臣田成有本来报杭州選淑女程氏弘光見一人大不樂已而批旨云選婚大典地方官漫不经心且以醜惡充数殊為有罪責成撫按道官于嘉興府加意遴選務要端淑如仍前玩忽一併治罪阮大鋮曰定額三名不可多

淅江巡撫張秉貞内官田成淂旨出示嘉興合成大懼盡亱嫁娶貧富良賤姸醜老少俱錯合城若狂行路擠塞蘇州閶之亦然錯配不可勝紀民间編為笑歌所選程氏寄養母家每日廪給三兩仰仁錢兩県各差護衛皂快五名在程门伺候田成復至嘉興従者百人坐察院恣甚凡選二十餘日選中两名一王氏一李氏俱小姓女共程氏三人乃返南京十一月直院選七十人中選阮姓一人田成淅選五十人中選王姓一人周書辦自献女一人俱進皇

城内至五月初十日辛卯傳旨三淑女在経廠者放还母家時大清兵已至是夕弘光出走也明宫中有大变則亱半鳴鐘一夕大内鳴鐘外廷闻之大駭謂有非常須臾内豎啓门而出索鬼面頭子数十欲演戲耳可笑如此安淂不亡時有蘇州醫者鄭三山曰以春方進多鄙褻弘光寵之

許定國殺高傑

許國定河南睢州人膂力千斤初高傑為李自成將時嘗

刼定國村殺其全家老幼惟定國逃免至是同爲列将定國啣之秘而不言陽與傑好時傑冒雪防河疏請重兵駐帰德東西薫碩聨絡河南總兵許定國以奠中原定國在睢门傑将至遣人致書云睢州城池完固器械精良願讓公駐兵傑信而不疑甲申十二月二十七日傑在帰德府貽定國千金幣百匹乙酉正月初九定國約傑会于睢州初十傑抵睢州定國來見傑即回謁各叙思慕意十二日丙申定國招傑飲傑即與張縉彦監軍李升偕部将八人

及親隨数十人坦然赴之定國設專席于内以宴傑布别席于外以宴諸将從兵酒醪甚盛酣飲竟日继之以燭傑醉定國伏甲于内餙美妓荐寢先窃去傑之甲兵恒半帳外伏兵四起大聲連呼高傑傑夢寐間聞之大驚曰誰人敢呼吾名中其計矣急起覓鎗甲已不可得定國持鎗直入刺傑傑雖短小而勇悍絶人連折二鎗定國持短刀殺之剖其腹以祭先灵張缙彦李升走免時八将犹飲于外閫内变大駭推倒筵案踰垣而走親兵被殺者三十餘人

餘趨出城去定國持傑首招撫士卒士卒以失主將遇州中人即殺謂其合謀也城中鼎拂竟夜走空定國遂以衆渡河降大清封平南侯

史可法請優恤高傑傑妻邢氏率子元爵亦請恤可法請以傑部將李本身爲提督有旨興平有子朕豈以兵馬信地遽授他人加監軍衛文衡兵部侍郎摠督傑軍所部將士仍聽邢氏統轄既而再請加本身太子太保左都督提督本鎮赴歸德

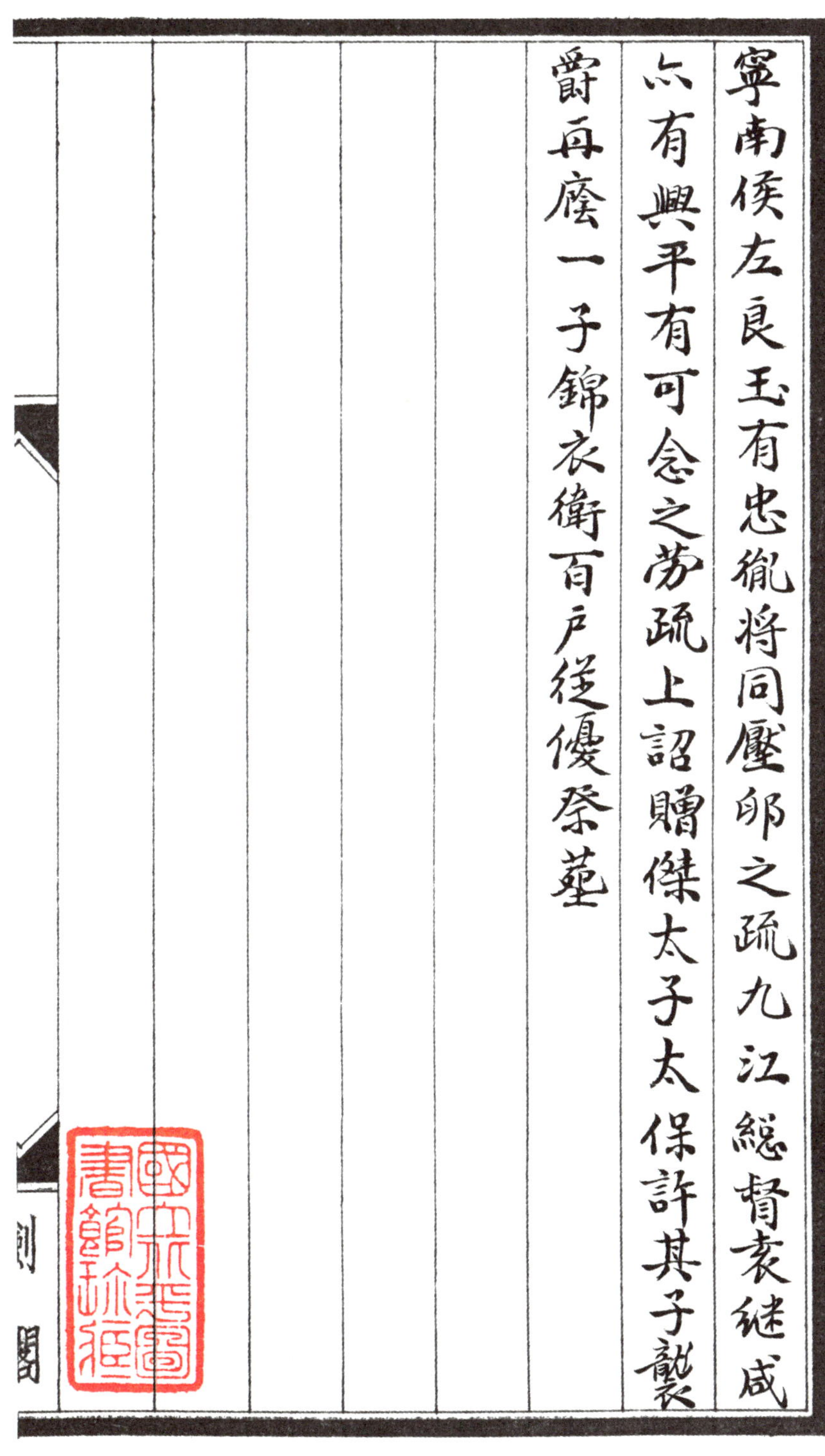

寧南侯左良玉有忠徹將同壓卵之疏九江總督袁繼咸亦有興平有可念之勞疏上詔贈傑太子太保許其子襲爵再廕一子錦衣衛百戶從優祭葬

崇禎忌日

三月十九日壬寅設壇太平門外百官素服望祭先帝獨阮大鋮後至哭呼先帝而來曰致先帝殉社稷者東林諸臣也不盡殺東林諸臣不足以謝先帝今陳石夏徐汧等俱北走矣馬士英急止之曰徐九一現有人在大鋮日與楊維垣謀必欲盡殺東林復社諸人大獄將興尋以上游告警始緩

太子一案

乙酉三月朔皇太子至自金華從石城門入送止興善寺蓋東宮舊監李繼周密奉御札迎之至也先是吳三桂擁太子離永平檄中外臣民將奉入京即位至榆河陰逸之民間使人導入皇姑寺太監高起潛奔西山太子自詣之遂同至天津浮海而南八月底淮上聞定王之沉惧弗敢留前至楊州起潛訪的中朝之旨欲加害殺其姪鴻臚序班不可挾之渡江因栖於蘇復轉於杭太子不堪羈旅漸露貴倨之色於元夕觀燈浩嘆遂爲路人 所竊指夢箕懼

禍及已廼赴京密奏並密啟於士英於是遣内竪李繼周持内札召之繼周至杭聞已詣金華即往覓之太子居觀音寺繼周熟視頗似廼跪云奴僕叩小爺頭太子云𥝠認得汝但遺忘姓氏繼周以告且云奉新皇爺旨迎接少爺晉京太子云迎𥝠晉京讓皇帝與吾做否對曰此事奴僕不知遂呈御札旹金英諸臣聞之俱朝見饋禮越二日開舟至杭杭臣張秉貞来朝與文武百官導之而過繼周至京先白士英隨奏弘光時太子止石城門外弘光復使北

京張王兩内豎覘之且迎之入城權居興善寺二豎一見
太子即抱足大慟見天寒衣薄各解衣以進弘光聞之大
怒曰真假未辨何得便尒太子即真讓位與否尚須吾意
這廝敢如此遂掠二豎俱死繼周亦賜酖死都人初聞毒
宮至踴躍趨謁文武官投職名帖者絡繹不絶最後督營
太監盧九德至正視一時難辨太子呵之曰盧九德汝何
不叩首盧不覺叩頭曰奴僕無理太子曰汝隔幾時肥胖
至此可見夆京受用盧復叩頭曰小爺保重觳觫辭去與

衆曰私未嘗伏侍東宫如何云此看来旹些相像却認不真隨戎營兵曰若等好好守視真太子自應衛護即假者亦非小小神棍須妨逸去尋傳肯諭文武官不許私謁自此衆不得見中夜移太子入大内

三月初三丙戌阮大鋮自江北馳窓書於馬士英士英窓奏請呂太子及從行二人俱下中城兵馬司獄遂捕高成穆虎夜更餘肩輿送太子入中城獄時巳大醉獄中肯大圈椅坐其上即睡去黎明太子甫醒見副兵馬侍側問何

人以官對太子曰汝去吾睡未足良久問兵馬曰汝何以不去對曰應在此伺候又問此何地曰公所又問紛紛来去者何曰行路人問何故皆藍縷兵馬未及答太子曰吾知之矣兵馬以錢一置几上曰恐爺要用太子要命撤去兵馬曰恐要買物太子領之令擲之壁間曰你自去廼出頃之校尉四人至前叩頭曰校尉伏侍爺的太子指壁間錢曰持去買香燭来餘錢可四人分之香燭至太子即燃火問拳北向北再拜大哼太祖高皇帝皇考皇帝復再叩首

號泣數聲拭淚就坐飲泣不已滿獄爲之凄然

初五戊子兵科戴英奏王之明假冒太子請多派官會審

先是楊維垣颺言於衆曰駙馬王昺姪孫王之明貌甚類

太子英即襲其言入奏

初六己丑會審太子於大明門外弘光先召中允劉正宗

李景濂入武英殿諭之曰太子若眞將何容朕卿等舊講

官宜細認的正宗曰恐太子未能來此臣當以說竊之使

無適辭弘光悅群臣至讞所

初七庚寅胄内官以密疏勸弘光曰東宮足骭異於常形每骭則雙莫之能誣弘光令盧九德持至馬士英寓商之士英具疏答之臣病在寓皇上令監臣以密疏示臣臣細閱之其言雖似而疑處甚多既為東宮幸脱虎口不即到官說明却走紹興可疑一也東宮厚質凝重此人機辨百出可疑二也公主現養周奎家而云已死可疑三也左茂弟在北北中亦有假太子事茂弟密書貽蔡奕琛今奕琛抄謄進覽是太子不死於賊即死於清矣原日講官方拱

乾在刑部獄容諭来廷辨之如其假冒當付法司與臣民共見而棄之如真東宫則祈取入深宫留養别院不可分封於外臣啟奸人之心刑部嚴訊穆虎高成五毒備至誓死不承認假冒穆虎曰私家主是忠臣直言奏聞一字非謬吾等何得畏死背義法司氣奪高夢箕復上書自明並逮治之

初八日辛卯復會審太子於午門時方拱乾在獄是晨張捷坐刑部尚書高倬家臣名帖召之曰先生恭喜此番不

惟釋罪且可曰不次超擢全在先生一言耳拱乾唯唯既詣門百官集定各役喝太子跪太子仍前面蹲踞衆擁拱乾前王鐸指太子示之曰此何人太子一見即云方先生杜拱乾懼即退入人後不敢復前亦不言（敢）言真偽張孫振曰汝是王之明太子曰吾舉來從不曾自已説是太子你等不認罷了何必更名改姓又曰李繼周持皇伯諭帖來召我非我自來者又曰你等不常立皇考之朝旁何一旦蒙面若此衆官竊竊有赧者有恨者莫之敢決最後王鐸

前曰千假萬假揔是一假是我一人承認不必再審叱送還獄應天府官蔡某自朝審出人問云何蔡云即非真太子亦是久熟内朝事者旁一官曰汝此言明日即當棄官矣自遂朝臣不復有敢稱太子者京中謡曰若辨太子詐射人先射馬若要太子强擒賊須擒王　一云太子審旹云吾夲来從不説自己是東宮你等不認便罷何必更名改姓刑部尚書高倬及給事戴英齊聲云既認王之明何須再問亦不必動刑回奏便了

初九壬辰中允李景濂奏云太子的假冒閣臣王鐸加呂質問使之供吐姓名都察院粘示通衢王之明假冒太子十四丁酉諭刑部穆虎若非奸人豈敢挾王之明冒認東宫正月二月所成何局徃閣徃楚欲幹何事豈高夢箕一人所辦主使附逆實繁有徒着司法竊治蓋士英意杜姜黄輩故嚴旨究問　黄得功上言東宫未必假冒各官逢迎不知的係何人辨明何人定為奸偽先帝之子即陛下之子未有不明不白付之刑獄混肰雷同將人臣之義謂

何恐在廷諸臣謟狥者多抗顔者少即使明白認識亦誰肯出頭取　奉有旨王之明假冒来歴係親口供吐有何逢迎不必懸揣過慮

十五戊戌復會審太子於朝左都李沾先令校尉私戒太子須直言某某及審皆沾呼王之明喝問何已不應太子曰何不呼明之王沾喝上拶太子號呼皇兄上帝聲徹於内士英傳催於（放）拶沾復好言問之太子曰汝令校尉囑吾校尉自能言之何必吾言前日追吾何處追者自知何必

問吾高倬見其言急切令扶出將出朝舊東宮伴讀丘致中捧持大慟弘光知即命擒下發鎮撫司嚴訊有題詩於王城者曰百神護蹕賊中來會見前星閉復開海上扶蘇原未死獄中病已又奚猜安危定是關宗社忠義何曾到鼎台烈烈大行何處遇普天空向棘園哀馮可宗即訊高夢箕夢箕列自北來歷甚詳假冒欺隱至死不認爰書故久之未定　御史陳以瑞奏愚民觀聽易惑道路藉藉皆曰諸臣有意傾先帝之血脈有旨將王之明好生護養勿

驂加刑旨招民謗俟正告天下愚夫愚婦皆已明白朕遂申㳒

三月二十三日丙午劉良佐疏言王之明童氏兩案未協輿論懇求曲全兩朝彝倫毋貽天下後世口舌肎旨童氏恢媍冒認結髮據供係某陵王宮人尚未悉真偽王之明係駙馬王昺姪孫避難奔來與高夢箕家人穆虎沿途狎昵冒認東宮妄圖不軌正杜嚴究朕與先帝素無嫌怨不得已從群臣之請勉承重寄豈肎利天下之心毒害其血

亂舉朝文武誰非先帝舊臣誰不如卿肯昧心如此法司官即將兩案刊布以釋群疑

二十八日辛亥左良玉具疏請保全東宮以安臣民之心謂東宮之來吳三桂實有符驗史可法明知之而不敢言此豈大臣之道滿朝諸臣但知逢惜不惜大體前者李賊逆亂尚賜王封不忍遽加刑害何致一家反視爲仇明知窺究並無別情必欲轉轉求誅遂使皇上忘屋烏之德臣下絶委裘之義普天同怨皇上獨與二三奸臣保守天下

無是理也親親而仁民愿皇上省之有旨東宫果眞當不失王封但王之明被穆虎使冒太子正在根究奸党其吴三桂史可湪等語尤係訛傳湪司將審明畧節宣諭該藩

四月初一日癸丑工侍何楷奏鎮疏東宫甚明有旨此疏豈可流傳必非鎮臣之意令提塘官立行追毁敢有煽惑者兵部立擒正湪

初二甲寅湖廣巡撫何騰蛟疏言太子到舉何人奏聞何人物色取名至京馬士英何吕獨知其僞既是王昺姪孫

何人舉發內外公侯多北來之人何無一人確認而泛云自供高夢箕前後二疏何已不發抄傳明旨愈宣則臣下愈惑此事關天下萬世是非不可不慎請旨王之明自供甚明百官士民萬目昭然不日即將口詞章疏刊行何騰蛟不必滋擾

十三日乙丑御史張兆熊奏僞太子一案謗議遍處沸騰弘光命將口詞章疏連夜速刻即付詔使逐郡宣布

十六日戊辰袁繼咸奏左良玉舉兵東下請赦太子已遏

止之青旨王之明的係假冐如果先帝遺體朕豈無慈愛
人臣何節稱兵犯闕繼咸身爲大臣兼擁兵衆如何説不
能堵止
江督袁繼咸疏言太子居移氣養必非外間兒童所能假
襲王昺原係富族高陽未叠屠害豈無父兄群從何事隻
身流轉到舉既走絀興朝廷青何關係遣人踪跡台来詐
冐從何因起望陛下勿信偏辭使一人免向隅之悲則守
宙享蕩平之福矣青旨王之明不刑自認高夢箕穆虎合

口輸情諸臣無端過疑何視朕太薄諸廷臣太淺袁繼咸身爲大臣不得過聽訛言剏生意揣

十七日己巳史可法恭請台見面言東宮處分以息群囂有旨西警方急卿專心料理待奏凱後見可法嘆曰奏凱二字談何容易誠如上言面呰不知何日矣

錢鳳覽疏爭太子

錢鳳覽字子瑞會稽人相國麟武公之孫也以祖蔭入中書烈皇擾刑部主事弘光首以東宮事北京廷臣皆斥爲

假鳳覽独疏爭之其畧曰太子危地生死之權一杜朝廷擾其供詞保者驗者確肎憑據杜部五日悲懽言動絶無裝飾今責㠯音大聲宏為非真耶人幼而渺小至十六而頡長且豊大者比比也責㠯不能書寫為非真耶東宮素無能書之名雖經筵安知無内動坐馳及倩筆強學之事若責㠯不能盡悉宮中事耶播遷流竄魂魄未安人於富貴㫖多不經意試問各官朝賀跪起惟聽鴻臚傳唠而已能於倉卒之中悉其礼數否太子在宮中未寒而衣未飢

而食隨侍者眾安能盡呼姓名試問各官書吏皂役等幾何人能一一悉其姓名面貌耶當肯二王杜劉宗敏家人心知肎二王不知肎太子今詰問肯不能明對者責處東宮何堪挫辱不已而民犯同觀也總之大臣不認則小臣〻瞻顧內員不認則外員箝口朕死地祖宗不可欺滅敢已死爭之疏上下獄淦吏諷之曰苟易汝言則生鳳覽曰吾身早辦一死言不可易竟坐誅死事聞於牟贈太僕寺卿謚忠毅

三皇子紀

崇禎共三子太子年十六歲定王永王皆十三歲闖入京㫖大索惟永王不知所在自成東行人見太子馬啣尾隨後不見定王或曰已先日隨闖出京過通州馬上失一履肎人拾而進王伸足與着因問軍夸民夸人吕民對王曰軍則食吾家飯者民方受征稅之苦有何好事到汝其人泣王亦泣謝之自成戰敗西還不見太子隨後人傳太子歸吳三桂軍中矣十月肎男子自詣周中書家求見公主

相抱持大哭滯留不去周僕逐之遂為街道所奏明日殿中勘之言宫事頗合㠯訊内官莫敢認者有楊宦杜旁皇子曰此楊某曾侍我楊即詐曰奴婢姓張先服侍者非吾也又呼侍衛錦衣千户人訊之咸曰是永王有晋王者山西從闖来因留京師独言其偽一内監言真於是言真者皆下獄刑曹郎錢鳳覽詳訊遂㠯真皇子報命晋王遂抵覽覽劾肰語侵晋王復廷訊之内閣謝陞執㠯為偽皇子曰某事先生憶之否陞默肰一揖退鳳覽面叱陞不臣正

陽門商民數人具疏救皇子詈謝陛禽獸無道具疏人亦下獄乙酉正月十日揖政王謂廷臣曰皇太子眞僞無傷但晋王明朝宗室謝陛係明朝大臣鳳覽訶晋王百姓駡謝陛皆亂民也命繫獄者盡殺之謝陛早朝見鳳覽與拱手頭忽漸垂呰呰自語曰錢先生饒我腫潰而死四月初六日鳳訶民張三聚衆救皇子吕楊生員爲謀主秉育生員孫三應之俱經擒殺初十日皇子死

童妃一案

乙酉三月十三日丙申有童氏自稱舊妃自越其傑所解至弘光命付錦衣衛監候初弘光爲群王娶妃黄氏早逝既爲堯子又娶李氏洛陽遭變又亡嗣王之歲即封童氏爲妃曾生一子不育已而遭難播遷各不相顧及棄藩奔奔太妃與妃各依人自活太妃之奔陳潛夫奏妃故在弘光弗名至是自詣其傑所其傑不敢隱解至奔弘光弗善也繫之獄妃在獄細書入宮日月相離情事甚悉求馮可宗達上弘光棄去弗視四月初六日馮可宗辭審童氏着

太監屈尚忠會同嚴審

一云童氏本周府宫人逃難至蔚氏縣遇弘光於旅邸相依生一子已六歲已而賊破京師播遷云云劉良佐言童氏知非假冒馬士英亦言茍非至情所關誰敢與陛下稱敵體宜迎童氏歸内弘光命屈尚忠嚴刑酷拷童氏號啰詛駡尋庾死獄中

一云大妃自衛輝至𡠺京來旹何光顯知弘光在曹州青童氏之女事密奏前迎内亦密詔齋發即遣儀真所來之

船彩畫龍鳳並差內寺田應二人迎接來京七月二十日到水西門二十一日擬進大內合城小民揭綵供香皆謂聖后進朝而馬士英秉政一憑阮大鋮主裁以為后之來也自何光顯后入而光顯內助之力巨矣亟尾之呂敗迺事鑾輿已進朝門忽傳太后懿旨在藩原配周氏已經死難並未再婚今突眷有童氏擅自入京必係假偽奸棍引誘着三法司勘問甞阮大鋮職總憲事舉朝奉鳳旨竟加嚴刑訊問各刑曹官今日上拶明日上夾童氏有隨來之族

兄已潛逃全命荒村埜店之孫女權貴吕冒認二字加之弘光又不出一旨何從分辨衆廷臣亦吕為此非中興盛事方欲縱之外境吕寢其事矣河峯劉正學跆踉而来先知護藏太后者已封伯爵謂已之功諒亦不下及入城迺知胥訊質童氏女事倡言其事眞確謂朝官不宜如此之誣罔已大觸旹忌矣馬阮輩之深嫉其人疏入朝中見留不許後竟直闖朝堂攘臂泣陳弘光一無發揮但云從外候旨童女亦禁於獄明年五月城破童女不知隨何人而去

劉正學亦遯去童女杜獄言弘光到家之前一夕夢黑蛇纏身蓋蛇也非龍也又聋弘光蝦眥喜吕舌餂其陽蓋獸轉世也

按何光顯即應先府學生曾於舟次上謁陰刺馬士英阮大鋮不應起用也劉學正即城中負弘光出走之人也

左良玉叅馬士英八罪

四月初四日丙辰寧南侯左良玉舉兵東下馳疏至云竊

見逆賊馬士英出身苗種性本兇頑臣身杜行間無日不聞其罪狀無人不恨其奸邪先帝皇太子至京道路洶傳陛下屢發矜慈士英以真為假必欲置之死而後快其謀臣前兩疏望陛下從容審處猶冀士英夜氣稍存亦當剔腸悔過以存先帝一綫不意奸謀日盛一日臣自此義不與奸賊共天日矣臣已提師杜逢將士眦目指髮皆欲食其肉臣恐百萬之衆發而難收震驚宮闕且聲其罪狀正告陛下仰祈剛斷與天下共棄之自先帝之變人人號泣

士英利究擅權事事與先帝爲仇欽案先帝手定者士英首翻之要典先帝手焚者士英復脩之思宗改謚穆宗明示先帝不足思以絶天下報仇雪耻之心罪不容於死者一也國家提衡文武全恃名器鼓舞人心自賊臣竊柄吕來賣官鬻爵殆無虛刻都門有職方賤如狗故有都督滿家走之謠如越其傑吕貪罪遣戍不一年而立陞部堂。。。吕賍污紋犯不數月而夤緣僕少。。。與張道濬皆詔獄論罪者也借起廢經復原官如楊文驄劉泌王燧臣及趙書辦等或行同大逆或罪等叛逆皆用之於當路凡此之數直臣千計罄竹難書罪不容於死者二也閣臣司票擬政事歸六部至於兵柄尤不得兼握士英已為首輔猶復掌樞是弁髦太祖法度又引腹心阮大鋮為添注尚書以濟其篡逆之謀兩子梟獍各操重兵臣為呺應司馬昭復生於今日罪不容於死者三也陛下選立中宮典禮攸關士英尻為奇貨先擇其尤者臣充下陳罪通於天而又私買歌女寄養阮大鋮家希圖進選計亂中宮陰謀

叵測罪不容於死者四也陛下即位之初恭儉神明士英百計誑惑選優童豔女損傷盛德每對人惡則歸咎罪不容於死者五也國家遭此大難須寬仁慈愛以收人心士英自引用阮大鋮以來睚眦殺人如雷縯祚周鑣煅煉周内誅連蔓引尤其甚者借題三案深埋陷穽將生平不快意之人一網打盡令天下士民重足解體罪不容於死者六也九重秘密豈臣子所敢言士英遍布私人凡陛下之一言一動無不窺視又募死士竄伏皇城詭名禁軍以觀

陛下動静　罪不容於死者七也率土碎心痛號者先帝殉難皇子幸存前此定王之事海内至今傳疑未已況今皇太子授受不明臣前疏已悉士英迺與阮大鋮一手拿定抹殺的確識認之方拱乾而信串通朋謀之劉正宗不畏天道神明不畏二祖列宗不畏天下公議不畏萬古綱常忍先帝已立七年之嗣皆為四海謳歌訟獄所歸者付之幽囚天昏地慘神人共憤凡有血氣皆欲寸磔士英大鋮等以謝先帝此非臣之私言諸將士之言也

非獨臣標將士之言天下忠臣義士愚夫愚婦之公言也伏乞陛下立將士英等肆諸市朝傳首四方用抒公憤臣等束兵計刻以待不禁大聲疾呼激切以聞

左良玉討馬士英檄

蓋聞大義之垂炳于星日無禮之逐嚴于鷹鸇天地有至公臣民不可罔也奸臣馬士英根原赤身種類藍面昔冒九死之罪業已僑寄作奴屠髮爲僧重荷三代之恩徒爾狐竄白門狼吞泗上今當國家多難之日侈言擁戴勸進

之功以今上曆數之婦爲私家攜贈之物竊弄威柄錮蔽聰明恃兵力以脅人致天子閉目拱手張僞旨以讋俗俾兵民重足寒心本爲報仇而立君乃事事與先帝爲仇不祇矯誣聖德初因民願而擇主乃事事拂兆民之願何由奠麗民生幼（幻）蠹蔽天妖蠆障日賣官必先姻婭試看七十老囚三木敗類居然節鉞監軍漁色罔識君親託言六宮備選二八紅顏變爲桑間濮上蘇松常鎮橫征之使肆行攜李會稽妙選之音日下江南無夜安之枕言馬家便爾

殺人北斗有朝彗之星謂英名實應圖讖除誥命贈䕃之餘無朝政自私怨舊仇而外無功能類此之爲何其亟也而乃氷山發鯨鰸水興波群小充斥于朝端賢良竄逐于崖谷同已者性侔豺虎行列猪猳如阮大鋮張孫振袁弘勛等數十巨憝皆引之爲羽翼以張殺人媚人之赤幟異已者德並蘇黄才媲房杜如劉宗周姜曰廣高弘圖等數十大賢皆誣之爲朋党以快虺如蛇如之狼心道路有口空憐職方如狗都督滿街之謠神明難欺最痛立君由吾

殺人何妨之句嗚呼江漢長流瀟湘盡竹罄此之罪豈有極歟若鮑魚蓄而日羶若火木重而逾烈放崔魏之瘈狗遽敢滅倫收闖獻之獮猴教以升木用腹心出鎮太尉朱泚之故智幾幾殆有甚焉募死士入宮宇文化及之所為人人而知之矣是誠河山為之削色日月倏以無光又況皇嗣幽囚列祖怨恫海內懷忠之臣誰不願食其肉敲國嚮風之士咸思操盾其家本藩先帝舊臣招討重任頻年痛心疾首願為鼎遷雞犬以無從此日履地戴天誓與君

側豺狼而拚命在昔陶八州請石頭之難大義于今炳然迄乎韓蘄王除苗氏之奸臣職如斯乃盡是用礪兵秣馬聲罪興師當鄭畋討賊之軍憶裴度閉邪之語朝謂中奸党盡去則諸賊不討自平倘左右兇惡未除則河北雖平無用三軍之士戮力同仇申明仁義之聲聞首嚴焚戮之隱衬不敢妄殺一人以傷天心不敢荒忽一日以忘王室義旗所指正明為人臣子不忘君父之心天意中興必有間世英靈矢翼皇明之運涖告先帝揭此心肝願斬賊臣

之首以復九京還收阮奴之黨以報四望倘惑于邪說註誤流言或受奸臣之指揮或樹義兵之仇敵本藩一腔熱血釁為輪囷離奇勢必百萬雄兵化作蛟螭妖孽玉石俱焚之衬近在目前水火無情之時追維心痛敬布苦衷顚言共事嗚呼朝無直士誰斥李林甫之奸邪國有同心尚懐鄭虎臣之素志吾祖宗三百年養士之德豈其決裂于僉壬大明朝十五國忠義之心正宜暴白于魂魄建張殪虎之機勿作通猿之藪燃董卓之腹膏溢三旬藉元載之

廚椒盈八百國人盡快中外甘心謹檄

又檄

左良玉反兵東下請除君側之惡移檄遠近以討馬士英其畧云馬士英者蠻獠無知貪狠悖義挾异人爲奇貨私嫪毐以種姦欺蝦蟇以不閗恣鹿馬以任意不難屠滅皇宗遂致刑戮太子效胡濙之名訪遣遢既不使之遯于荒野踵錢寧之既訊大干又不容其鶩于深宫群小羅織比燕啄而已深中犴幽囚視雀探而更慘李沾感拷何如崔

季舒拳毆王鋒喝掐有甚朱友恭塞謗豈先帝不足復苗種既沉其弟又滅其兄將小朝自有一番人既剸其臣並剪其主嗟呼安金藏之不作丙定侯之已亡附會成群誰敢曰吾君之子依違欲了咸稱曰的係他人臨江之當乳虎是可忍也子輿之遇毒蟒尚何言哉良玉受恩故主爵忝通侯寧無食葱之思詎忘結草之報願同義士共討天仇嚴虎豹之亟驅風雲氣憤矢鷹鸇之必逐日月光昭郿塢豐盈應有燃臍之衬漸臺高擁難逃切舌之災檄下遠

近傳播惟京中喋口

按弘光因大清兵攻破徐碭等處乃集朝臣召對時群臣曰請禦北兵弘光然之獨馬士英大聲面折弘光曰不是這樣講寧可失國于清君臣皆死不可死於良玉之手弘光不敢言又朱大典入朝堂曰步不得大家要做一個大散場了衆鬨之愕然蓋馬士英深畏左兵也

初五日丁巳左兵入九江安慶至建德順流東下初七日

己未左兵入東流良玉沿途遍張告示稱本藩奉太子密旨率師赴救士英等大懼京師戒嚴士英專理部事不入直江督袁繼咸請赦太子以遏止之弘光切責士英調黃得功劉良佐離訊遣劉孔昭阮大鋮方國安朱大典共禦左右陞大典兵部尚書國安掛鎮南將軍印　十五丁卯馬士英言水陸諸軍必直抵湖口與九江安慶呼吸相通乃知上游消息即催阮大鋮朱大典督諸軍前發不得稽延　五月初一張捷率百官進賀捷表時維揚信絶左右

停留不下阮大鋮劉孔昭虛報捷音以愚都人耳目也

初五丙戌黃得功與左兵屢戰身中二矢捷聞詔封清國

公遣太監王肇基勞之幷進阮大鋮朱大典並太子太保

總兵張杰馬得功鄭彩黃蜚並加三級副將而下各進一

級仍與錦衣衛世襲

按左良玉舉兵不數日即病死子夢庚東下至彩石

為黃得功方國安所敗引兵還

又按左兵前隊攻破九江良玉不知也及良玉至見

烟火蔽天詢之知爲巳兵所焚于是搥胸大哭曰吾負先帝遂嘔血死蓋左兵半屬降盜左又衰老不盡遵其法令故憤極而死也

大清豫王曉喻

四月十七日已巳大清攝政王奉皇令旨曉諭江南南京浙江江西兩湖廣處文武官員軍民人等知悉爾南方諸臣向佐明朝崇禎皇帝有難天闕焚毁國破家亡不遣一兵不發一矢不識流寇一面如鼠藏穴其罪一也及我進

戰流寇西奔爾南方未知京師確信又無遺詔擅立福王其罪二也流寇爲爾大仇不思征討爾諸將各自擁衆擾害良民自生反側以起兵端其罪三也此天下所共憤王法所不赦予是以承王命援興大師問罪征討爾文武官員速以地方城池投順者不論功之大小各陞一級抗拒不順者自身遭戮妻子受俘如福王改過前非自投軍前面釋其罪與明朝一體優待福王親信諸臣亦知罪改過歸誠亦仍與禄俸文到之日士民不必驚慌逃竄農夫照

前耕種城市秋毫無犯鄉村安堵無妨但所用糧草預解軍前兵部作速火牌曉諭毋得遷延以違軍法咸使聞知

議禦

大清兵攻破徐碭又破亳泗四月八日庚申史可法三報緊急弘光曰上游急則赴上游北兵急則赴北兵自是長策可法曰上游不過欲除君側之奸原不敢與君父為難若北兵一至則宗社可虞不知輔臣何以朦蔽至此乃移書馬士英懇其遣將添兵大聲疾呼士英惟以左兵為慮

不應　初九大清兵至潁州南將降者逃者相半梁雲構請召劉澤清黃得功將兵入衛黃斌卿請留駐防初十壬戌徐邳先急令衛文胤李本身督兵駐泗州　十四丙寅劉澤清劉良左各請將兵入衛諭以防邊為急十五丁卯劉洪起奏大清兵乘勢南下如同破竹無人敢遏恐為南京之變王永吉奏徐鎮孤危援絕勢不能存乞救史可法衛文胤共保徐州方可保全江北　十七己巳史可法奏大清分路南下鎮將平日擁兵糜餉有驚一無足恃又奏

李成棟避敵棄地南奔士英亦不應時塘報洶洶　十九辛未弘光召對士英力請亟禦良玉大理寺卿姚思孝尚寶司卿李之椿等合詞請備淮揚工科吳希哲等亦言淮揚最急應急防禦弘光諭士英曰左良玉雖不該興兵以逼南京然看他本上意思原不曾反叛如今還該守淮揚不可撤江防兵士英厲聲指諸臣對曰此皆良玉死黨為遊說其言不可聽臣已調得功良佐等渡江已寍可君臣皆死于清不可死于良玉之手瞋目大呼有異議者當斬

弘光嘿然諸臣咸爲咋舌于是北守愈疏矣

吴适下獄

二十一日癸酉兵科給事中吴适参方國安弁文綬言文綬本無大功驟列大帥乃復縱兵譁掠摧陷建德東流大屬非法國安受國厚恩乃銅陵西關南陵城外聚兵攻擊赤子何辜遭此塗炭益之深熱其與叛逆何異陛下宜加禁職蔡奕琛等票旨云左良玉稱兵犯順連破九江安慶文綬久在南康國安現在勦逆吴适謊言亂政爲逆臣出

脱是何肺腸明日奕琛具疏特糾逮适下獄先是左光先按浙會鞫奕琛一案适時為衢州司理與紹興司理子龍共成是獄及奕琛入相與阮大鋮同心排擠光先以致褫逮並及于适實借題以快夙憾而國事封疆俱置不問又御史張孫振有疏糾适為東林滴派復社渠魁宜速正兩觀之誅

史可法揚州殉節

四月二十二日甲戌大清兵渡淮如入無人之境二十四

日丙子至揚州圍攻新城可法力禦之薄有斬獲攻益急可法血書寸紙馳詣兵部代題請救不報二十五日丁丑可法開門出戰大清兵破城入可法拔劍自刎原任兵部尚書張伯鯨亦自刎死妻楊氏媳郝氏從死之伯鯨標下遊擊龔堯臣被執不屈死可法爲人形容猥陋而忠于體國在軍中時止茹麥粞飯食不二味衆共憐之

按揚城破大清發令箭一門殺人一百以未破城時發砲傷兵也既而傳箭一門殺人一千殺訖隨出一

箭又殺一千連續傳箭直殺至數十萬揚州煙爨四十八萬至是遂空揚州初被高傑屠害二次殺人無算及大清兵至復盡屠之總計前後凡殺人八十萬誠生民一大劫也　宋恭帝時元右丞相阿朮圍揚州日久而無成功築長城困之城中食盡死者枕藉滿道明太祖遣繆大亨克揚州止餘居民八十家而已然則自宋元至明揚氏已三罹兵劫矣豈繁華過盛造化亦忌之耶

召閣還都

四月二十六日戊寅弘光視朝畢對群臣閣還都計禮部錢謙益力言不可乃退自左兵檄至大清兵信急洶洶弘光日怨士英强之稱帝因謀所以自全士英請潛召黔兵入衛辦走貴陽工科吴希哲等力諫乃止是日召黔兵一千二百名入城命駐雞鳴山踐踏僧房殆遍每夜撥二百名守私宅

馬士英答驛報

二十七日己卯龍潭驛馬至報云敵編木為筏乘風而下又一報云江中一砲京口城去四垛最後楊文驄令箭至云江中有數筏疑是敵兵因架炮城下火從後發震倒頹城半垛早發三砲江筏粉碎矣士兵將前報二人綑打而重賞楊使自是報警寂然

召對

二十八日庚辰弘光召對上下寂無一言良久弘光云外人皆言朕欲出去王鐸云此語從何得來弘光指一小奄

鐸正色語奄曰外閒話不可妄傳的鐸因請講期弘光曰

且過端午

按王鐸身爲大臣于此時請講期豈欲賦詩退敵耶抑效戎服講老子耶這都是不知死活人國家用若輩爲輔臣不亾何待然鐸已有自身善後策故發如此談話耳

長安門柱聯

五月初一日壬午有書聯于東西長安門柱云福人沉醉

未醒全憑馬上胡謅幕府凱歌已休猶憶阮中典變又云福運告終只看盧前馬後崇基盡毀何勞東捷西沾又云二䶌翻世界七煞捲地掃東林一路踏江南四鎮擎天歸北幕又有人于夜半書士英門上云闖賊無門匹馬橫行天下元兇有耳一兀直搗中原求其人門不得

按䶌音劉指孔昭擇清也闖賊無罵士英馬賊也元兇有耳阮字也

弘光串戲

初五日丙戌百官進賀弘光不視朝以串戲無暇也

清議堂議事

初六日丁亥有二騎從金川門入馬士英家午後馬士英入大内與韓贊周盧九德二監商議傳令各門下閘辰開申閉

初七日戊子集百官清議堂議事預坐者十六人馬士英王鐸蔡奕琛陳于鼎張捷陳盟張有譽錢謙益李喬李沾唐世濟楊維垣秦鏞張孫振錢增趙之龍各窃窃偶語百

官集者甚衆皆不得與聞臨散李喬唐世濟齊聲相和曰便降志辱身也説不得了散後有叩諸大僚者皆云清信雖急如今不妨了盖所商議藉趙之龍納欵于清也是日晝晦大風猛雨人心洶洶

初八日己丑發黔兵六百守陵門禁益嚴

大清豫王渡江

初九日庚寅辰刻清兵開閘放舟蔽江而南二鄭兵見之各揚帆東遁江南之師一時皆潰武弁各卸甲鼠竄巡撫霍達方整道出衙未至江邊即狼狽返易服雜下役中竄逃附小舟潛入蘇州鄭鴻逵復入丹陽燒刼南走雞犬一空黔兵之從楊文驄者存二百五十人奔還南京傳言兵已下江京口無備都人大震聞豫王謀渡江夜半乘西北風大順令軍中每人具案二張火把十如違笞四十棍衆

兵掠民間梠几及掃箒將箒繫縛梠足上沃油燃火昏夜乘風放入江中順流而下火光徹天南兵見之謂清兵渡江遂發炮擊之然風順水急愈擊愈下久之砲幾盡王乃從七里港渡江矣

弘光出奔

五月初十日辛卯閉京師各城門傳旨縉紳家眷不許出城午後喚集梨園子弟入大內演戲弘光與太監周（韓）贊周屈尚忠田成等雜坐酣飲二鼓後弘光奉太后一妃與內

官四五十人跨馬從通濟門走出文武百官無一知者遺下宮娥女優五六十人雜沓于西華門内外得隨一人拉去為幸時清兵已渡江而南京猶不敢言雖竊竊語亂各官未知確信有吏部尚書張捷密傳一行云聖上頗有三十六着之意各官俱不解所謂及四鼓後已傳大駕已出城門洞開時趙之龍令兵守門不得遽出俄馬瑞于刀戟下俯首趨出

馬士英逃浙

十一日壬辰黎明錢謙益肩輿過馬士英家門庭紛然良久士英出小帽快鞋上馬衣向錢一拱手云詫異詫異我有老母不得隨君殉國矣即上馬去後隨婦女多人皆上馬裝束家丁百餘人出城至孝陵詭裝其母為太后名守陵黔兵自衛兵亦半逃去本旦百姓見宫門不守宫女亂奔始知君相俱遁去驚惶無措遂亂擁入内宫搶掠御用物件遺落滿街一時文武逃遁隱竄各不相顧洗去門上封示男女泉湧出城有出而復返少頃忻城伯趙之龍出

示安民有此土已致大清國大帥之語閉各城門以待清兵黔兵在城者百姓盡搜殺之以先受其害也時馬士英衛卒三百人從通濟門出門者不放欵兵之乃出私倚元寶三廳立刻搶盡有一圍屏瑪瑙石及諸寶所成其價无算乃西洋貢入者百姓擊碎之各取一小塊價已值百餘金多藏厚亡信哉後馬士英逃至浙江紹興府爲亂兵所擒活剥其皮阮大鋮亦爲乱兵索金銀活釘入棺埋之地下奇哉

趙監生獄中立太子

十一日午刻有趙監生率百姓千餘人擒王鐸到中城獄群毆之使認太子鐸呼云非干我事皆馬士英所使衆𢹂鐸鬚髮俱盡太子亟止之命禁獄中百姓擁太子上馬入西華門至武英殿又擁至西宮尚未御櫛沐倉卒無備取戲箱中翊善冠戴首于武英殿登座群呼萬歲兩日天氣霾陰悽慘日色罕見是日天清日朗衆心開悅各部寺署官見者俱行四拜礼大僚亦間有至者

十二日癸巳城内栅門盤詰獲馬士英中軍八人送戎政趙之龍軒　午後太子粘示皇城畧曰先皇帝丕成大鼎惟兹臣庶同其甘苦胡天不祐慘罹其衬凡有血氣裂眦痛心泣予小子分宜殉國思以君父之仇不共戴天皇祖基業汗血匪易忍垢匿避圖雪國耻幸文武先生迎立福藩予惟先帝之哀奔投南都寔欵哭陳大義不意巨奸障蔽至攖桎梏予雖幽獄无日不痛絕也今福王聞兵遠遁先為民望其如高皇帝之陵寢何泣予小子父老人民圍

抱出獄擁入皇宫予身負重寃豈稱尊南面之日予謹此
布告在京勳舊文武先生士庶人等念此痛懷勿惜會議
予當恭聽共抒皇猷勿以前日有不識予之嫌惜爾經綸
之教也　在都李沾肩輿微服詣趙之龍家求庇之龍以
令箭護送之出城吏部尚書張捷微行至鷄鳴寺以佛旛
帶自縊左都御史楊維垣自戕二妾朱氏孔氏死買三棺
旁置二妾中題楊某之柩並埋中堂身挈一僕夜遁至秣
陵爲怨家所擊殺數日僕復跡之屍爲犬食半

十三日甲午太子令釋王鐸仍以爲大學士又召方拱乾高夢箕于獄並爲礼部侍郎東閣大學士二人出獄即逃文武諸僚集中府會議齒及太子皆有難色曰前日幾番云云恐有蹈張吕之咎者不然弘光帝復來將奈何趙之龍曰此中復立新主疑使北歸其何辭以善後衆皆然之哄然而散各衙門出示安民城守並不及立新主之事

馬士英寓在西華門其子馬錫寓北門橋都督公署公署在鷄鵝巷百姓焚燬一空次掠及阮大鋮楊維垣陳盟

家惟大鋮最富歌姬甚盛一時星散　太子勅封中城獄神爲王差官奉勅二人行至獄中開讀勅文稱崇禎十八年兵馬司素服迎之　監生徐瑜蕭　謁趙之龍觀(勸)其早奉太子即位之龍立叱斬之　差官自北軍中回之龍即入西宮勸太子避位　十四日乙未報大清豫王兵到都城忻城伯趙之龍率礼部尚書管紹寧總憲李喬各遣二官縋城出迎跪道旁高声報名將近豫王前喝起衆人倉皇入報是時大雨淋漓見一騎一卒敢站簷下者二大僚

匍匐行四拜禮王駐師天壇中
十五日丙申大開洪武門二大僚統百官献册行四拜禮趙之龍叩首請豫王進城保國公朱國弼鎮遠侯顧鳴效郊駙馬齊贊元咸至豫王問勛戚爲太祖爲成祖之龍一一具答王喜加之龍位興國公命立朱國弼上賜金鐙銀鞍馬貂裘八寶韃帽軍中設牛酒席地共坐豫王問太子何在之龍以王之明對王曰逃難之人自然改易姓名若説姓朱你們早殺過了朱國弼曰太子原不認是馬士英坐

易豫王大笑曰奸臣奸臣
李喬進城賫大清告示二道一為大清攝政叔父皇曉諭江南文武官民一為欽命定國大將軍豫王曉諭南京官民大約言福王僭稱尊號沉湎酒色信任僉壬民生日瘁文臣弄權只知作惡納賄武臣要君惟思假威跋扈上下離心遠近仇恨時以為實録晚間趙之龍捧太子出城至營豫王離席迎之坐于已右相去不離丈許
十六日丁酉豫王受百官朝賀遞職名到營參謁如蟻趙

之龍令百姓家設香案黃紙書大清國皇帝萬萬歲又大書順氏二字粘門王鐸諸營投到以其弟王鏞在營甚禮之　查不朝叅者妻子為俘差本堂報知註册每日點名大僚俱四更進而午後歸

十七日戊戌禮部引大清官二員從五百騎洪武門入清騎謂城上人曰勿放砲禮部向帝闕四拜因淚下北兵問故禮部曰我痛惜高皇帝三百年之王業一旦廢墜受國厚恩寧不痛心北兵為之嘆息候開正陽門索匙不得禮

部引進東長安門盤九庫見銀九萬兩即命此收貯皇城內守之　緫憲李喬獨先剃頭易服豫王罵之　劉澤清自浦口掠舟東遁入海

十八日己亥文武官與坊保進牲醴米麵熟食茶果于營絡繹塞路趙之龍喚優人十五班進營開宴遂奏點演正酣悦間忽報各鎮兵至之龍跪呈豫王王殊不爲意又點戲五齣方撤席發兵三百遣將將之即行有頃擒劉良佐至良佐叩首請以擒弘光贖罪豫王允而遣之隨撥三百

人同行
十九日庚子趙之龍同大清官幷騎入城 分通濟門起以
中橋北河爲界東爲兵房西爲民舍通濟洪武朝陽太平
神策金川凡六門居大清兵西南民房一椽日值一金民
間日夜搬運 豫王斬兵搶物者八人 搜不朝賀現任
官陳盟等家 豫王示前日入内搶掠諸物自行交還江
寧縣藏匿者梟示 内官進鰣魚二大籮極其卑禮豫王
不受

二十日辛丑大清内院學士洪承疇牌諭翰林大小官每日入内辦事仰掌院陳于鼎造册送進每日清晨點名午後令文武官將印信札付盡數交納武英殿換給御史王　大理丞劉光斗鴻臚丞黄家鼒往各府取降順册

二十一日壬寅大放三日婦女出城者萬計　趙之龍先剃頭魏國安遠永康靈壁臨淮以漸剃訖文官惟李喬姚孫棐自剃

二十二日癸卯豫王令建史可法祠優䘏其家

二十三日甲辰豫王進城衣紅錦箭衣乘馬入洪武門白棍府前導文武班立道旁無一不至者　中書舍人龔廷祥自投武定橋河死

劉良佐挾弘光回南京

二十四日乙巳劉良佐以弘光到暫停天界寺先是弘光出至太平府劉孔昭閉城不納徬徨江次乃奔坂子磯就黄得功營得功方出兵與左兵戰聞之即歸營向弘光泣曰陛下死守京城臣等猶可借勢作事奈何聽奸人之言

輕出進退將何所據此陛下自誤非臣等負陛下也臣營弱薄如此其何以處陛下哉居兩日劉良佐奉豫王令追至且召得功得功怒不甲而出戰騎馳北營隔河罵之揮鞭誓死言我黄將軍志不受屈良佐伏弩射中得功喉得功嘆曰我無能爲矣歸營拔劍自刎良佐入即其營挾弘光回南京

五月二十五日丙午弘光以無幔小轎入城首蒙包頭身衣藍布衣以油扇掩面大后及妃乘驢隨後夾路百姓唾

罵有投瓦礫者進南門易馬直至内守備府見豫王叩頭王坐受之命設酒于靈璧侯府坐弘光于太子下趙之龍既礼部共八人侍宴喚樂户二十八人歌唱飲酒席中豫王问弘光間曰汝先帝自有子汝不奉遺詔擅自稱尊何為又曰汝既擅立不遣一兵討賊于義何居又曰先帝遺體止有太子逃難遠來汝既不讓位又轉展磨滅之何為弘光總不答太子曰皇伯手札召我來反不認又改姓名極刑加我豈奸臣所為皇伯或不知弘光亦不言王又曰

我兵尚在揚州汝何爲便走自主之耶抑人教之耶弘光

答語支吾汗出沾背終席俛首因于江寧縣與太后一妃

同處豫王令舊臣往視惟安遠侯柳祚昌侍郎何楷視之

弘光嘻笑自如但問馬士英奸臣何在

二十六日丁未豫王各城門粘示云剃頭一事本國相沿

成俗今大兵所到剃武不剃文兵不剃民爾等毋得不遵

法度自行剃之前有無耻官員先剃求見本王已經唾罵

特示　廿七日戊申豫王謁太祖陵行四拜礼四顧嗟

嘆喚靈谷寺住持速行修理

廿八日己酉豫王出南門報恩寺行香觀者如堵黄端伯向豫王憤懣大慟趙之龍請殺之王不許之龍乃報（執）送獄

豫王令確報殉節諸臣及民間婦女各坊共報男二十八人上十九

二十九日庚戌豫王令調兵八萬下蘇杭　劉孔昭自太平掠舟順流而東江行入常熟詭言起義僉都御史霍達招之郡不應停攻一縣臼根滿載入海

三十日辛亥馬士英窃偽太后離杭渡淅南遁潞王在杭馬士英欲遵奉立之王後辭不可及大清帥至以書招王王度力不能拒遂身詣其營請勿殺害人民清帥許之按兵入杭市不易肆豫王以弘光所選淑女配太子數月後豫王北行太子及弘光隨之潞王尋亦至北後俱亡魯王監國令謚太子曰悼皇帝弘光報皇帝潞王曰潞閔王

南京遇變諸臣

乙酉五月十二日欽天監挈壺官陳于階自經此殉節之

最早者張捷楊維垣事載于前豫王入南京刑尚高倬户部郎中劉成治署中自經死監生吴可箕鷄鳴山關帝廟縊死龔廷祥投河死後有傳其死不智者中書陳鏕及子舉人陳伯俞户部主事吴嘉胤也死不知名者投秦淮河中馮小璫與百川橋下乞兒也小璫以色幸以身殉乞兒題詩橋上有云三百年來養士朝如何文武盡皆逃綱常留在卑田院乞丐羞存命一條又礼部郎中劉万春主事黄端百以不朝被殺　遯而不與迎降者尚書張有譽陳

盟侍郎王心一太常少卿張元始光祿丞葛含馨給事蔣鳴玉吳适部屬周之璵黄衷赤主簿陳濟生等其以死聞者尚書何應瑞光祿卿葛徵奇戶部郎劉光弼也

按百川橋下乞兒愚意謂非常人葢隱君子也歟以一死愧當時大臣之不如乞兒者亦奇矣哉

六月初一日壬子聞蘇州巡抚霍達將粮散與百姓常州豎順民旗至丹徒迎清兵時隔晚三十日大清兵前鋒千餘騎駐常州有鄉民離城三十里㩵舟忽聞炮聲驚入河

中府城家眷竟夜搬出如蟻舟不論大小須銀一兩婦女方得下舟大清兵過對溪塘河雖㕓乘騎飛渡一如履坦

初二日癸丑無錫選貢士王玉汝等具肉一百担羊三頭麪百担以迎清兵傳聞清兵悉門神城中各家洗去皆粘大清万歲于門

初三日甲寅大清兵三百餘騎自北而南穿錫城中而走秋毫無犯觀者如市

初四日乙卯五更時分約兵万人馬三万餘疋穿無錫城中走至傍晚止見者面面相覷寂無人声

初七日戊午下午大清兵又到無錫穿城而過一夜不息水陸俱進水多于陸

初八日己未清兵又過無錫一日舟中俱有婦人裝飾俱羅綺珠翠粉白黛綠語云軍中有婦兵氣不揚斯言不驗亦一奇也

自二十六日至閏六月大清兵無日不過至七月初七丙辰新選無錫知縣喬昌河南舉人大清第一令也秀才守城七月輪守一月至八月秀才等乘兵備到無錫動呈自

此免守城

七月二十九日戊寅南京孝陵衛營舊有兵守乃神樂觀武生所管至是大清兵入遂糾衆乘夜每人束柴一把突燒城門清師發兵出一矢射斃二人營兵發炮不傷清兵一人遂敗止剩營兵十八人清兵以五十人圍之不克而死再益兵再敗至三百人俱斃營兵僅存一人清兵止存三人人人圍營兵一人搏战已而營兵以鉤刀破清兵一人腹腸出外猶未斷也其人忍痛奮力殺營兵始死清兵

止存二人乃走還

按營兵十八人殺兵三百可謂勇矣所剩一人能戰三人且破其腹則尤勇也至腸決猶能殺兵同死其勇更不可及也安在行伍中无將材也惜乎其名不傳

國家氣數

明太祖得北京于順帝其後失北京于順治以順始亦以順終太祖得南京于福壽其後失南京于福王以福始亦

以福終豈非數也　昔成祖恐後代久遠子孫名字重複命姚廣孝每代定一字其第二字臨時取定廣孝進十字云高瞻祁見祐厚載翊常由成祖覽之嫌其少欲益焉後增慈和怡伯仲簡靜迪先猷十字終是勉强然予思之亦有深意焉試觀崇禎永曆弘光等諱俱是由字是明示明系至由字止矣雖益以慈等字終無用也況猷字亦與由字同音則止于由無疑矣此亦國家定數也

清河縣出一碑云兩戶妖魔本姓午生來戾氣盡燕土天

教木虎出東方殺盡秦王扶舊主劈門砍馬痕無主果毅
智權死教苦燕京豪傑擁如雲七百萬兵集淮浦中閘名
世是黄鬚占田之子爲九五

按此碑是闖滅清興之意

甲申春無錫有降乩者問天下事乩云半似日號半似月
大川有水流不歇半爲俗號半爲僧清明節候兩平分首
句是胡字次句藏順治二字第三句是剃頭意第四句是
國號人初不解大清兵入始悟

無錫有旅官某寓于倉棚一日群鳥飛至仰而視之曰此夷鳥也此地清兵必至也

初崇禎十三年一五臺僧詣蘇州元墓山訪道友語人云今天上星已下界新天子降生北番矣不久當有易代事時共妄之五年果然

有獵者捕一小鳥体長一寸五分羽毛醬色其尾有長毛三長可一尺九寸濶如小指油色頭有一毛長寸許衆不知何鳥即獵者亦素未之見也聞此鳥關東北常有之

路振飛

路振飛字見白號皓月廣平曲周人天啟乙丑進士授經湯知縣不建逆奄祠多惠政縣人皆繪圖祀之崇禎辛未台入為四川道御史疏劾宜興烏程巳縣三相國湖冢宰及山東二撫臣舉朝憚之癸酉巡按福建有貪殘縣令公庭褫其衣繫之獄廼奏聞人心大快屬吏惕息海寇劉香連結紅夷入寇鄭芝龍黃斌卿等與連戰破平之公發縱之力居多叙功加一級賜金幣丙子巡按蘇松吳中積弊

皆悉心釐別會常熟奸民訐奏鄉宦錢謙益瞿式耜公疏申救忤旨降謫及大清兵入烽燧至燕齊直達淮北流寇横於中州徐泗之間盜賊竊發道路多梗上知公才癸未遂擢僉都御史總督漕運巡撫鳳陽公至遣兵破擒土賊張方造王善道程繼孔等及逆闖勢益宏張公遣將防河又又令鄉里團結義勇各保村坊千里淮壖屹然金湯之固已而高傑劉澤清等擁兵而南爭欲渡淮人心恇擾京師淪陷賊日南下齊魯海岱之間望風奔潰公力扼其衝敵

斬賊師保障江淮厥功不細顧朝局紛肰吕翻逆案脩前隙為事爭謀孽公而代公者至矣初高傑之卒也鳳督馬士英欲倚吕為重遣人迎公之謂大將宜禦寇門庭不當入内地阻之不得前卒取道鳳陽至楊州及士英道淮而卒公禁舟中兵不得上岸侵掠又留其火器禦賊士英不悅撫寧侯朱國弼職杜護漕闖賊勢急即離鎮擅取福建解京銀十萬餘寄淮安庫者吕行公與力爭國弼亦啣公及士英當國國弼進保國公用事遂共排公又見公屡奏

提益忌公威名卒不叙功而更誣以糜餉起田仰代公撫淮淮人不服幾至激變會公亦以母喪去任流寓蘇州峯京亡公率家丁保洞庭山而閩中隆武詔使至初公至鳳陽謁陵識峯陽於高墻因疏請恩卹罪宗至是王即位念公舊德特召為左都御史與季子澤濃閒關入閩遂拜吏兵二部尚書兼文淵閣大學士澤濃賜名太平授職方郎遣徵兵湖峯公於背議多所不合凡三疏辭不允公在政地僅兩月及仙霞關潰公失乘輿所在航海趨廣州廣州

復陷久之復航海之廣州順德縣悲憤成疾而卒乙酉後四年也遺疏陳背政四要贈左柱國太傅謚文貞忠公清正剛方嘗勒燭奸指佞不黨不阿八字佩之公生平不巳詩名及國變後始作韻語若干篇名曰非詩草長子澤溥中書舍人

黄得功

黄得功鳳陽靈壁縣人字虎山貌偉鬍髯兩顚倒竪膂力絕倫微背驅驢爲生計肩貴州舉人楊文驄同周祚新北

上於浦口倩其驢初未知爲豪傑也道經關山突遇响馬六人文驄祚新等亦嫻弓馬欲與之敵得功大呼曰公等勿動吾往禦之皆楊周管家亦頗才武已於驢背躍下行李與牲口重数百斤得功一手挾驢一手提行囊突撲响馬响馬大驚乞止之且曰肯言相告得功不聽撲擊如故响馬急齊下馬羅拜曰老兄真英雄吾輩願拜下風勿失義氣得功方止亦拜曰吾不願爲此只放吾等過去可也响馬請姓氏得功堅不與言既而曰黄姓呼爲黄大响馬

遻之吕金得功不受廼去楊周兩孝亷見其勇而有志待吕弟兄禮及夆回告於馬士英士英覔至為之婚娶延武士教吕兵法及蒞任鳳陽即用為旗鼓堵截流寇建功河北陞副摠戎軍中嘗乘黑驢呼為黄大刀甚畏之於是盧鳳一帶賊不敢久駐得功貧嘗豢鴨池塘其數日減久之幾盡得功怒將水庫竭捕得巨鱔一長可數尺圍五寸許烹食之體貌倏易頓成偉丈夫亦不自覺多力也及盥手絞布布忽斷裂始知之得功善飲 酒和火酒可飲五十

斤臨陣旹㠯絮中繫縛目瞳突出飲半酣方入陣所向無
前上陣舁鐵鞭二每鞭重三十斤雙鞭則重六十斤矣此
得功在馬上所運者得功遂為劉良佐伏弩射中歸營拔
劍自刎大清兵甞肎降乱者忽書黃得功題詩云悲風蕭瑟
故園秋戰馬咆哮豈自由只為皇恩多雨露故將朽骨付
吳鉤得功生不能詩死則能詩蓋為鬼或多靈氣耳然生
而忠義殁而為神亦是理也况忠義大將前身原非凡質
成神賦詩比比然也

按史相出督師四鎮將謁私議見禮得功曰青舊制在高劉曰吾輩已封伯矣得功戎服先入劉高不得已亦戎服進見得功勇而知義如此

凌駉

凌駉自縊於濟館駉原名雲翔字龍翰徽州歙縣人崇禎癸未進士甲申正月授兵部職方司主事督輔軍前贊畫曲沃兵潰降東駉獨走至臨清糾合三百人起兵擒僞防禦使王皇極等三人傳檄山東其畧云跡今逆賊所恃無

過假義虛聲假義則預徵民租虛聲則盛稱賊勢以致浮言胥動舉國若狂愚懦無知開門揖盜及至闖城一啟即便毒楚交加一官而徵數萬金一商而派數千兩非刑拷比罔念尊賢縱卒姦淫不遺寡幼將軍出令先閹女人州縣升堂但求富戶於是山東河北各土塞來歸者甚眾上疏舉京改浙江道監察御史巡按山東旹大清兵下馴復上疏言臣吕鉛槧書生未諳軍旅先帝過簡置之行間遭值危亡不能吕死報國廼吕萬死餘生糾集義師討擒僞

逆誠欲自奮其桑榆之效然不藉尺兵不資斗粟徒以忠義二字激發人心方今賊勢猶張東師漸進臣已上書東國大臣反覆懇切不啻秦庭之哭矣然使東師獨任其勞而吾安享其逸東師克有其土而吾坐受其名恐無以服彼之心而伸吾之論為今日計或暫假臣便宜權通北好合兵討賊名為西伐寔作東防俟逆賊已平國勢已立然後徐圖處置之方若一與之抗不惟兵力不支萬一棄好引仇并力南向其禍必中於江淮矣若臣之自為計則不

當出此臣峯人也即不肖而有功名之想尚可幾幸於峯但恐臣一移足而峯大河之北便非吾有故忍苦支撑於此以爲他日收拾河北畿峯之本夫有山東然後有畿峯然後有河北臨清者畿峯河北之樞紐也與其以天下之餉收淮不若以兩淮之餉守東伏乞皇上擇一不辱皆命之使臣聯絡北方以須邊患宣慰山東州縣以固人心肯朝廷已遣陳洪範北行而竟無一兵收山東者清兵盡下山東州縣駟峯走至大名大清以兵科印箚授駟

駰懸之陳橋驛中遂独身至南京入對復差巡按河南駰受命疾馳入歸德而大清兵已至城下大師王之綱引兵南走獨駰與士兵數百守城中遊擊趙擢入城說降駰斬之呂殉次日率兵出西門斫營而守者已開東北門迎降清師傳令必生致駰駰自刎爲其麾下所持迺呂兩印投井中命參將吴國興等齎勑旨并其遺疏入奏即書一官銜帖與其從子潤生單騎詣營入見豫王長揖不拜王雅重駰命具酒饌親持金帛飲駰駰辭曰性不飲酒留營中

另設一幕贈大帽一貂裘二革舄二駟不受強留之一日夜與侄澗生同自謚死上豫王書曰世受國恩力不能濟報之曰死駟義盡矣惡貴國無負初心永敦隣好大江曰舉不必進窺否則揚子江頭凌御史即昔日錢塘江上之伍相國也承貴國隆礼人臣義無私交謹附繳上豫王命殯之察院公署送銀一百兩治喪城中吏民皆大哭駟母年七十歲子年四歲登第遂未得一省之事聞下部議卹會國亡不果

按編年云事聞弘光議贈駟兵部侍郎潤生御史

左懋第

左懋第字仲及號蘿石登州萊陽人崇禎辛未進士出陳文莊之門壬申冬授韓城令三年之中流寇薄城者三入境者再皆設法擊走之癸酉考選吏科給事中奉勑察核率京燕湖等處兵餉未復命而上崩弘光立入見陳中興大計命視師江上陞僉都御史巡撫應安等處已母死於兗津乞守制而朝議遣大臣使北通好營先帝山陵并議

割地歲幣公自請北行因得葬母陞兵部侍郎賫國書金幣㠯行而副之者太子太傅左都督陳洪範及太僕寺卿馬紹愉兵部司務陳用極等從行八月行次滄州陳洪範遣信先致吳三桂封册三桂不啟封緘奉攝政王九月至楊村士人曹遜金鑣孫正疆謁見言報國之志公喜署㠯叅謀十月進至張家灣賫㠯四夷館處使臣行屬國進見之禮洪範無言叅謀陳言曰此事所繫甚大公爭之迺改鴻臚寺遣官騎迎入十四日内院林剛來責㠯朝見公曰

勑命先謁陵後通好今未拜先帝梓宫吕不敢見剛屈而
去明日復來言如前公終不屈一一抗拒聲色俱厲既持
國書金幣去公遣叅謀陳吕謁陵事請不得遍陳太牢於
寺廳率士哭三日二十七日奉旨遣行出永定門十一月
初五日止滄州十里鋪又數騎追執公及給愉還而独令
洪範峯副將張育才楊逢春劉英止滄州公返北都拘之
太醫院不通出入止上攝政王啟不報而旹令人說之降公
不答洪承疇謁之公曰鬼也承疇松杏敗死先帝賜祭加

醮九壇錫廕久矣今日安得更生李建泰亦來謁公曰受先帝寵餞不能殉國降賊今又降清何面目見我耶漢臣投謁者皆罵之亦憚見之乙酉正月劉英及曹遜金鑣入訊踰垣得見遂發疏令金鑣及都司楊文春赴金陵奏之及至而夆都已失守矣曹遜曰如何公曰復何言七日不食慟哭誓必死閏六月十五日吕江夆既平再下剃頭令副將艾大選首髡如詔公杖大選及傳濬大選自經死濬恐爲蜚語聞十九日捕下刑部公曰我自行私法殺私人

與若何與可速殺我旦兵脅公剃髮公大哹不可而叅謀兵部主事陳用極字明仲蘇州崑山人與遊擊王一斌都司王廷佐張良佐守備劉統俱亦大哹不可遂旦公等六人下獄二十日攝政王召見鐵鎖擁入內朝公蘇衣孝巾草履向上長揖夆面坐於庭下攝政王數旦僞立福王勾引土寇不投國書擅殺摠兵當廷抗礼五大罪公辨對侃侃終不屈爲請一死命雉髮堅不肯攝政王問在廷漢臣云何吏侍陳名夏曰爲福王来不可饒公曰若中先朝會

元今日何面目在此兵部侍郎金之俊曰先生何不知興廢公曰汝何不知羞耻我今日則肎一死又何多言攝政王揮出斬之僉都趙開心將起肎言同坐掣其裾而止公至宣武門外神氣自若南向四拜端坐受刑僧子楊某涕泣稽首而逸行刑公既出趙開心始得啟王王從而已報死矣題絶命詩肎云峽坼巢封歸路迴片雲南下意如何寸丹冷魄消難盡蕩作寒烟揔不磨馬紹愉率所從將士悉剃頭降而陳用極王一斌王佐廷張良佐劉統與公同

日見殺忽沙風四起捲市棚於雲際屋瓦皆飛一昔羅[罷]市陳用極之門人咸默序其事傳之公與會稽章正宸誼最深公死正宸亦遯公之同鄉姜給諫埰出其詩已梓於丗

華允誠

華允誠字汝正號鳳超常州無錫人天啟壬戌進士癸亥選工部都水司主事會魏奄用事諸名賢皆放逐公假歸崇禎已巳起補營繕司主事尋陞員外郎其冬大清兵入塞都城戒嚴諸曹郎分守城門多已守禦不備杖闕下肯

死者而公守德勝門獨完調兵部職方員外郎乞休不允
公見當時銓閣比周舉錯徇私上疏言三大可惜四大可
憂可憂一條言國家罷設丞相用人之職吏部掌之閣臣
不得侵焉今次輔冢臣呂同邑爲朋比惟異已之驅除閣
臣兼操吏部之權吏部惟阿閣臣之意線索呼吸機關首
尾庇同鄉則逆党可公然保舉排正類則讁官可借題逼
遯又言喪師誤國之王化貞宜正罪潔已愛民之余大成
肯可矜疏入奉旨切責回話公再疏直糾次輔溫體仁冢

臣閔洪學罪狀言尤切寔體仁洪學疏辯章上　明察頗得其情公僅得罰俸以終養歸上等尋釋余大成於獄寘王化貞於法逐唐世濟而罷閔洪孝皆用公之言公里居十餘年而有京師之變夆京立起補吏部驗封司員外郎公見旹事日非嘆曰內無李趙外無韓岳欲為建炎紹興亦何可得遂謝歸夆京亡公惟飾巾待盡杜門者三年戊子潛尻鄉閭偶過其壻家會有告其壻未薙髮者下逮并及公見巡撫土國寶國寶勸公薙髮不從解至夆京見巴督不

跪皆巴公着快鞋踢折公膝復拔公髮幾盡公曰吾不愛身易此冠裳也遂見殺從孫尚濂字静規平日舉動皆效公同日死之年僅十九耳公登第出賀文忠逢聖之門而師事高忠憲攀龍嘗師弟子静坐終日如泥塑人忠憲臨難特書一帖授公曰心如太虛本無生死公遂豁然於生死之際矣詩文不多蓋得力在理學文章其餘技也最著者有渡江一律云視死如歸不可招魂孤從此赴先朝數莖白髮應難没一片丹心豈易消世傑有靈依海伴兲祥

無計挽江潮山河漠漠長留恨惟肎群鷗伴寂寥人共傳之

龔廷祥

龔廷祥字伯興號佩潛無錫人幼嵗鄉達陳幼學一見稱異為諸生游馬文忠世奇門中崇禎己卯舉人癸未進士肎不愿為良臣愿為忠臣之語甲申思宗死社稷世奇殉難廷祥設師位為文祭且哭如謝翺祭文信國狀乙酉補中書凥無何夅都亡廷祥具衣冠别文廟登武定橋睹秦

淮嘆曰大丈夫當潔白光明置身天壤勿泛泛若水中鳧與波上下迺發憤自誓曰敢貪生㠯全軀者有如此河遂沉水死前一夕手書寄生書成付家人越日迺逝昔五月二十三日也書曰節義之士何代無之只是我節不成節義不、成義愧報赧〔在〕心願我諸兒守吾父誡訓做好人行好事吾雖在地下書〔有〕餘榮矣但目前事不得不細言之吾月出門與吾母執手相別欲得一誥命㠯榮父母四月十八日果命下准誥封吾事濟矣吾又討差可歸定省矣不意五月十一日天子播遷吾是皆艱苦萬狀肙欲强吾奉迎一事者吾此心何心忍背國恩旁惟肙捐軀見志而已但思一見吾老母而不得肝腸寸割血淚滿襟氣數既如此汝輩要小心謹慎奉事祖母切不可預外事切不可得罪於人至惹禍災此吾之孝子也吾因生平愚拙事事要學古人故至於此肰不忠不孝何㠯見先人於地下念之愴肰思之快肰

按公幼肯穎敏其父令作破題肯肙燭杜案即㠯為題

公作一破題云丹心照國身盡而身完矣父大賞之知非凡兒也遂竟㠯為懺公家貧與杭濟之先生善先生嘗云公作文迅疾肓中才一日應童子試不利共走常州長飲白酒於市即大吐俱粉糰也蓋貧不舉火買糰坊間因飢勞作嘔耳諸生皆會嚴寒與杭濟之同寓及晨濟之起聞公在帷中作衣被聲良久不起濟之問之公應曰汝不解妙法及揭帷公語曰吾服尚無綿頗覺背冷今以胯下一層反折背上東之豈非妙法者相與

一笑其貧苦如此

嚴紹賢同妾縊死

嚴紹賢字與揚無錫人爲吳諸生從叔司寇嚴一鵬籍也生而正氣嶽嶽周文簡炳謨深器之每呂正誼相砥崇禎末流寇胡行紹賢侍司寇輒云烽火照二泉當坐卧臨池一小樓勢亟有蹈水死耳其蓄志殆如此甲申思宗殉社稷紹賢每慷慨流涕慟不若成都一萊傭猶得望梓宮奠杯水也自此惘惘憧憧若失所依乙酉新令下知國祚改

忽題壁曰此乾坤翻覆皆讀聖賢書當守義全歸與妾張氏同殉難亦一暢事遂與妾相對就經一女哌哌亦死韋布盡節比之全軀保妻子者不啻霄壤云

王獻之

王遺名字獻之號春臺無錫人本杭姓杭濟之異母弟也父諱州牧高才博學賚志已殁公尻三幼嗣王氏遂因王姓崇禎者訓蒙洛社移家尻焉丙戌仲冬公將起義因素精管輅術卜之不吉再卜地益凶大怒擲課筒於地次日

遂行率鄉兵萬人夜薄郡城積葦焚門將破蕭太守登報登城望之俱白布裹頭迺曰賊夜至必非明兵親率師啟門出戰肎家丁温台者於陣前擒一人斬之將首級飛擲空中鄉兵本烏合俱賣菜兒素不知兵見首級飛墮皆驚悉潰走公皮靴步行道復滑蕭守馳騎突走遂被獲廷見不跪蕭太守問何人公曰先鋒王獻之也嚴刑拷訊公猶自恃其衆大罵不屈蕭守亦異之因下獄此十一月十一日事久之諸囚越獄公獨不走遂見殺嗟嗟惜其子卑寒

不克傳之於世也

按獻之當日驅市人圍郡城其迂戇固不足道所難者瀕死不屈獄開不遁亦可稱韋布中之烈士也

金聲 附江天一

金聲字正希徽州人崇禎戊辰進士授編脩南京亡起義守休寧被執張兇祿解於南京洪承疇承疇呂胥年誼勸之曰多少臣子今俱亡殁公宜奉天順人毋徒自苦聲默然不答諸生江天乙大言曰流芳百年遺臭萬年千古之

下在此一時不可錯過且罵承疇曰汝為天朝大臣不能死節而反誘人耶承疇命左右斷其舌天乙罵不絕口遂殺之聲亦罵曰崇禎是汝君今何在父在泉州今何有汝無父無君與禽獸何異承疇曰汝罵我極是奈時不得已耳豫王亦欲留之聲反大罵王承疇曰使為僧可乎聲曰何以稱忠臣復戟手大罵承疇曰成彼之名遂殺之僅截其喉而不斷其頸以示全屍一僧收瘞木客出棺云聲舉族殉義學者稱為正希先生時武臣陳有功余元宣萬會

吳國楨皆死

盧象觀

盧象觀字幼哲宜興人象昇弟崇禎壬午解元癸未進士授江西撫州府金谿縣知縣未任改中書乙酉之變起兵不克而死蓋象觀里居距城六十里族人千計大清兵至象觀聚族人鄉兵數千象昇故將數人亦歸之有陳坦公者勇而才象觀以為將時大清已有宜興城而鄉鎮擁衆悉歸象觀象觀遂得烏合數萬謀破城自率前隊先行坦

公以大軍繼後行三十里至一鎮象觀遣使覘城中還報無兵可取象觀信之竟不俟坦公身率三十騎疾趨入城不知大清兵駐營城外平原蓋利于馳突也守卒見象觀至登城射矢外營清兵馳入象觀遇于曲巷被圍坦公引兵半道問留兵曰盧公安在兵曰適報城中無兵輕騎先入矣坦公大驚曰書生不曉兵事身為大帥輕至此乎即選精騎三百赴援見象觀頰中二矢危甚殺退兵以已馬授象觀馳出城自為拒後初鄉兵甚盛緣此失勢大清兵

遂長驅下鄉至中途過鎮坦公駐橋上清騎至坦公連殺七人傳殺一王子清兵數百搶屍去置關廟殮之兵復至坦公力拒終不過得橋清兵乃由他道塡河而渡鄉兵不能禦悉潰坦公之橋上四面皆清兵力戰而死清兵𢹂之象觀之昆季子弟死者凡四十五人清兵將擣盧氏故居族人謀曰今兵之所以至者爲象觀耳不如殺之以献可免滅族禍象觀聞之遂率三百人入湖時舊紳王其陞荊本徹俱擁衆湖中象觀具述前事且云宜興不足爲不如取

湖州，于是王荊率兵陸行，象觀由水道。陸兵無所遇，象觀忽遇大清兵，與戰，衆寡不敵，左右欲退，已揚帆矣。象觀持刀斷索曰：誓死于此，不去。遂被殺。象觀弟象晉不薙髮，佯狂。己丑七月捕置獄中，盡一門忠義云。此係宜興人口述，而象晉則别聞也。

楊廷樞

楊廷樞，字維斗，無錫庠生，崇禎三年庚午解元，與金壇周鍾為復社長，名聞四海。大清兵至，不剃髮，丁亥四月時隱

山中被執不屈舟中題書血衣併賦詩十二首寄歸後見殺其書曰

蘇州有明朝遺士楊廷樞幼讀聖賢之書長懷忠孝之志立身行已事不愧于古人積學高文名常滿乎宇内爲孝廉者一十五載生世間者五十三年作士林鄉黨之規模庶几東京郭有道負綱常名教之重任願爲宋室冬山惜時命之不猶未登朝而食禄值中原之多難遂蒙禍以捐生其年則丁亥之年其月則孟夏之月才隐遁于山阿忽

羅陷于羅網時遭其變命付于天雖云突如其來吾已知之久已有妻費氏吳江人歸予三十餘載有女觀慧適張氏亦二十餘春駡賊全真不媿丈夫之氣概舍生就死殊勝男子之鬚眉一家視死如歸轟轟烈烈舉室成仁無愧炳炳烺烺生平所學至此方爲快然千古爲昭到底終須不沒但因報國無能懷忠未展終是人臣未竟之事尚羣累朝所受之恩魂烟烟而升天當爲厲鬼氣英英而墜地期待來生舟中書志不能盡言留此血衣以俟異日顧我

知已面付遺孤如痛父母即思忠孝垂沒之言以此爲訣四月二十八日舟中血書又余自幼讀書慕文信國先生之爲人今日之事乃其志也四月二十四日被縛餓五日未死罵賊未殺未知尚有几日未死遍體受傷十指俱損而胸中浩然之氣正與信國燕市時無異俯仰快然可以無恨覺人生讀書至此甚是得力留此遺墨以俟後人知之因舟中漫就一十二首　詩曰人生自古誰無死留取丹心炤汗青正氣千秋應不散於今重復有斯人一

浩氣凌空死不難，十年血淚未曾乾。夜來墨斗中天爍，一點孤魂在此間。二

社稷傾頹已二年，偷生視息又何顔。祇今浩氣還天地，方信平生不苟然。三

罵賊常山有舌鋒，日星烱烱貫空中。子規啼血歸來没，夜半聲聞遠寺鐘。四

有妻慷慨死同携，有女賢貞志不移。不是一番同患難，誰知閨閣有男兒。五

近來賣國盡鬚眉，斷送河山更可悲。幸有一家雙母女，綱常猶自賴維持。六

按詩十二首，遺其六首，俟覔之再補入。

顧所受

顧所受字性之號東吳長洲人公生而穎異邑令江盈科稱爲國士十一歲補弟子員崇禎十五年流賊破袁州犯吉安時龍泉令劉汝諤請公爲幕賓畫戰守具甚備賊因去十七年賊陷北京公絶飲食已而聞許琰死曰我今且可以無死爲琰傳又一年南京不守公夜寢微聞嗟嘆聲明日言笑如平常謂子善曰我以老諸生出入文廟者五十餘年矣時事至此恐委禮器于草莽也將往觀焉遂與

其孫珩俱往既至作捲堂文且拜且泣出廟門令珩先歸遂投泮池死尸直立不仆士民弔者千餘人邑令遂寧李寔爲文哭之

吳易

吳易字日生號朔清吳江人崇禎丙子舉人丁丑進士大清兵至易起兵敗被執見殺易多力善射登進士文聲籍甚乙酉六月江左降清易舉兵僅得三十人七月衆至三百併三十艘居湖中會松江盜首沈潘有徒千四百人𠞰

掠不常諸紳患之移書于易易遣兵往戰以計擒之沈潘降併其衆獲艘七十居無何易拜衆曰鎮江諜報清兵二千某時過此願邀之遂僞作農每里伏船一于湖濵凡三十里清兵夜至不疑過半伏發以長戈擊之應手而墮其地左江右湖中岸頗高清兵止短刀無舟不得近大發矢衆以平基薇之河側復以火器夾擊遂斬千餘騎丙戌元夕入吳江殺令及新舉人庫藏一空鎮將吳勝兆兵至易已入湖民盡走大掠二日而還四月勝兆復率衆七千人

吳江肆掠舟重難行勝兆令軍中曰敢挈婦人者斬有一舟百五十人悉沉諸湖甫行見岸上白衣四人擒之使挽舟問見白羅頭賊否曰見之問几何曰三十號官兵恃衆不戒呼曰蠻子速進俄四人拔刀將舟中三十人盡殺之後兵見而疾追遲望湖中泊舟兵至即散復追之忽砲發飛舸四集矢砲突至煙火迷天咫尺莫辨勝兆勢急棄舟走兵亦委輜重而潰凡斬將數人勝兆大沮謂渡江以來未有此敗及還蘇慚忿不言恨吳江民不救屠之已而率

三千人復至吳江經長橋易用草人裝兵清兵射之易度其將竭乃戰大敗之撫臣土國寶忿易久爲湖患密遣蘇人僞降易推誠以待忽反兵相向易急換舟舟連繫乃入小舟舟重三十人盡覆易浮水半里其姪見水面紅快鞋謂易已死以追兵急不得遽挈即繫舟後復行半里始舉視之尚未死倒傾血酌酒數大觥乃曰今追者已退吾兵尚有幾何左右曰百人耳易速反追擊乃此去必大勝果敗之奪其輜重而還易有腹心某居嘉善六月親訪之其家

仇人客白縣令遣人猝取之解于杭州殺焉

侯峒曾

侯峒曾號廣成嘉定人以江西督學分守家居弘光立召為左通政使峒曾見朝事舛謬嘆曰覆巢之下尚為處堂難矣哉遂不赴乙酉閏六月邑人起義推為盟主與子諸生侯玄演侯玄潔大治兵食李成棟降為清將二十二日壬寅來爭邑城峒曾約進士黃淳耀共為死守百方禦之攻城者多死解而復圍者再死守十二日七月初四癸丑

天忽大雨平地積水數尺城一隅崩成棟入峒曾趨拜家廟赴池水玄演玄潔相抱入水成棟恨之斬其首題曰元兇以殉于城中舉人張錫眉龔用圓及龔用廣夏雲蛟唐全昌皆死北門有賈朱某悉以家財佐軍城破誘家人盡入一舟自沉峒曾弟岐曾坐藏陳子龍執至官大罵死二僕亦罵不絕死

黃純耀

黃淳耀字蘊生嘉定人崇禎壬午舉人癸未進士弟淵耀

字偉恭庠生淳耀素與僧性如善性如亦非淳耀不交乙酉閏六月大清兵圍嘉定淳耀居城中寺内淵耀宿城堞晝夜拒戰七月勢益急淳耀語淵耀曰城破即馳信于吾淵耀素又弱城未破前三日兩目忽突出青鐵色狀如雎陽筋悉隆起堞墮寘泥大袋中重數百斤用長木肩之登城脩說衆異焉癸丑城破趍報淳耀曰吾完紗帽事耳汝若何淵耀曰吾亦完秀才事復何言淳耀整袍服淵耀亦儒冠同縊寺中淳耀題壁曰弘光元年七月初四日遺臣

黄淳耀自裁于西城僧舍嗚呼進不能宣力王朝退不能潔身自隐讀書寡益學道無成耿耿不昧此心而已時避難者悉趋寺中清兵入寺俱殺之次及性如性如曰吾已閉関二十年矣兵問何人性如告之默然去又兵繼至問答如前兵索寶性如答以無有兵曰許大施主供養豈無寶乎性如指地曰若此屍横滿地假有寶亦逝矣索何坐守于此兵曰無寶殺矣性如曰殺則殺耳寶終無有亦前世孽案之何哉兵曰惧否恩性如曰亦安避之兵曰遍地

皆屍汝畏乎性如曰殺尚不畏而况屍耶兵曰倒好吾給一箭于汝以懸寺門自此無有入之者矣乃去兵果不入及初七日買二棺殮淳耀淵耀俱僵屍絶无悪氣衆屍穢腐難聞裹以蘆蓆焚之

吳勝兆

乙酉江南初定清遣兩撫臣駐蘇州土國寶兼理軍民吳勝兆專掌兵事勝兆力敵百夫善運鐵鞭雙劍常佩不離丙戌平吳江國寶奏其功加鎮南大將軍賜東坡巾犹未

寔受巾先至即冠以見國寶有矜色國寶不悅已而出遇道左旌旗相接各不讓國寶逡巡退勝兆亦將返自思爵大遂策馬前馳躁仆國寶儀仗國寶怒是日未刻勝兆欲〻閱操國寶曰晚矣姑點兵勝兆不從國寶曰亙點若何勝兆曰不可我兵無粮不整汝兵是有粮者遂相訌勝兆拳揮土之齒國寶手批吳之頰巡按等解紛時洪承疇鎮金陵國寶白之勝兆降三級勅鎮淞江將行勝兆聲言缺粮一万欲假此起釁國寶即如數與之勝兆无以爲辭忿忿

去至淞江大布恩愛以収人心承疇慮其有異志移鎮淮揚勝兆心知之不行及貝勒過淞欲乘其見擒之緣百姓遮留乃免正絶倖三月勝兆喜後貝勒返復遣六人逮勝兆勝兆縶之獄長洲諸生戴務公說勝兆反丁亥四月十六日勝兆邀推官等謂之曰吾與若共戴紗帽誠美觀此紅帽不好遂將頂髮自剪去即戴紗帽服紅袍以剪刀遞下衆相顧駭愕不知所為從者剪之不從者斬初國寶疑勝兆反陰遣都督詹某居其麾下圖之詹于十八日偽邀

勝兆飲既酣縛之一云勝兆宴同知等官問曰從清乎抑從明乎或對曰第明朝無人耳勝兆怒曰何無人拔刀斬之乃起兵時舟山福山諸處皆期十六同舉會是日大風舟多漂散不得集標下叅將高永義知事不成遂縛勝兆以解于蘇州國寶不見解至南京殺之

馬士英

馬士英字瑶草貴州貴陽人崇禎辛未進士英本廣西梧州府藤縣人與袁崇煥同里居北門又同辛卯年生士英

本姓李年五歲為販檳榔客馬姓者螟蛉而去即從其姓明末無錫人親見馬建坊于滕縣尚未就其為人手長智短耳軟眼瞎者弘光亾没逃至浙江在紹興府為亂兵所擒活剝其皮

趙之龍

趙之龍號易庵河南儀封籍南直虹縣人太子太保忻城伯

王鐸

王鐸字覺斯河南孟津籍山西陽城人萬曆庚戌進士

阮大鋮

阮大鋮字集之號圓海桐城人天啟時為太常少卿以魏党思廟欽定逆案之禁錮年未老而厄於逆案之禁閑居金陵無事為菟裘為梨園為博古為結交為貨殖俱無所殫抒其技而燃灰一策涿州主之於上亦百計營之而無能申其芽孽後為亂兵索金銀活釘入棺埋之地下

東村老人曰蘇代有言為人妻則欲其許我也為我妻則欲其詈人也每一王興有附而至榮者即有拒而死烈者

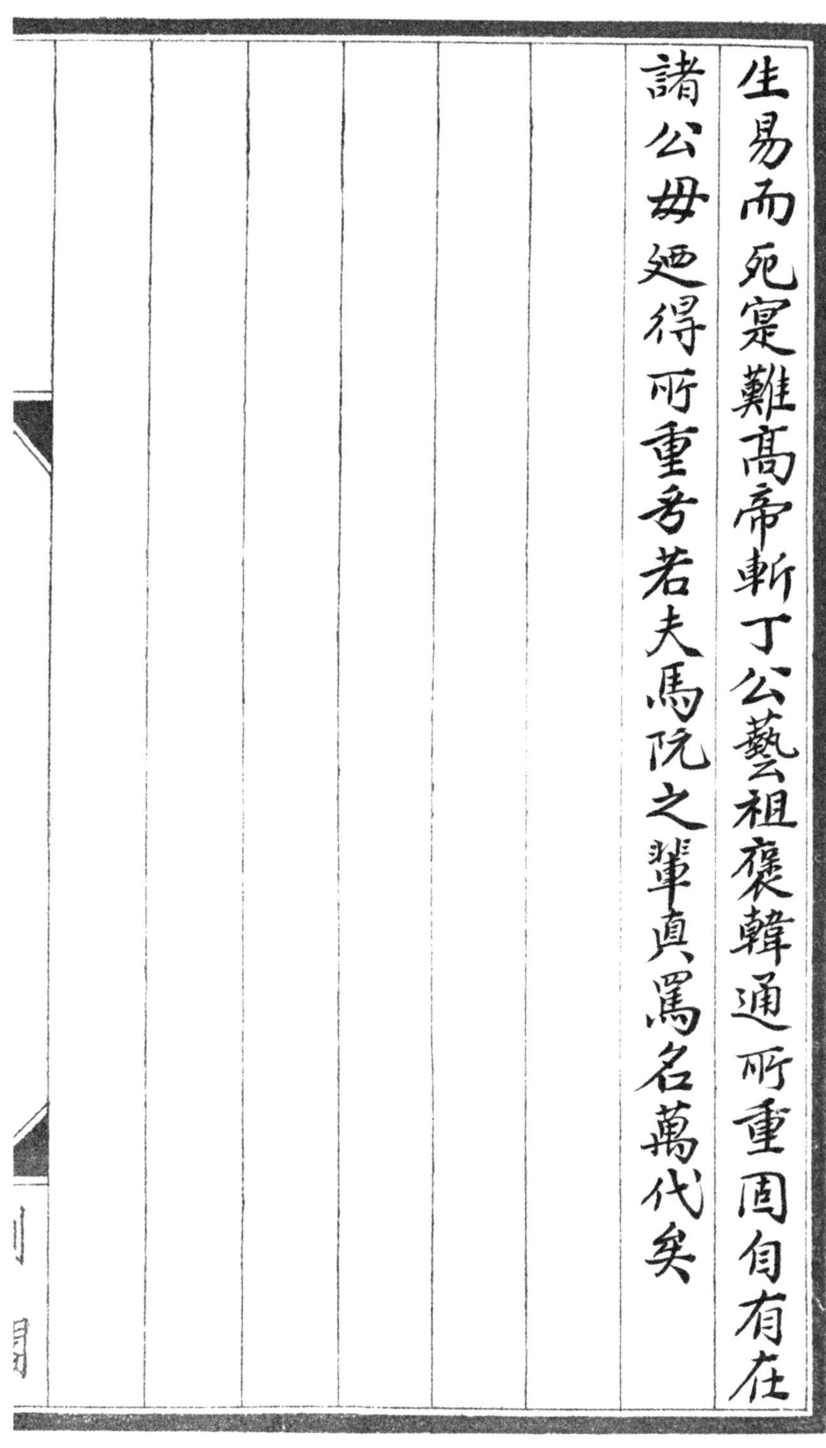
生易而死寔難高帝斬丁公藝祖褒韓通所重固自有在諸公毋迺得所重爭若夫馬阮之輩直駡名萬代矣

大清移史可法書

甲申十月清朝揖政王遣副將唐起龍招撫江南致書史可法云

大清國攝政王致書于史老先生文几予向在瀋京即知燕山物望咸推司馬及入關破賊得與都人士相接見識介弟於清班曾托其手勒平安奉致衷緒未識何時得達比聞道路紛紛多謂金陵有自立主者夫君父之仇不共戴天春秋之義有賊不討則故君不得書葬新君不得即

位所以防亂臣賊子法至嚴也闖賊李自成稱兵犯闕手毒君親中國臣民不聞加遺一矢平西親王吳三桂介在東陲獨効包胥之泣朝廷感其忠義念累世之夙好棄近日之小嫌爰整貔貅用驅狗鼠入京之日首崇懷宗帝后謚號卜葬山陵悉如典禮親近王將軍以下一仍故封不加改削勳戚文武諸臣咸在朝列恩禮有加耕市不驚秋毫無犯方擬秋高氣爽遣將西征傳檄江南聯兵河朔陳師鞠旅戮力同心報爾君父之仇彰吾朝廷之德豈意南

州諸君子苟安旦夕不審事機聊慕虛名頓忘寔害予甚惑之夫國家之撫定燕都乃得之于闖賊而非取之于明朝也賊毀明朝之廟堂辱及先王國家不憚征繕之勞悉索敝賦代爲雪恥仁人君子當如何感恩圖報茲乃乘逆寇稽誅王師暫息即欲雄據江南坐享漁人之利揆諸情理豈可謂平將以爲天塹足恃遂不能飛渡耶况闖賊但爲明朝祟耳未嘗得罪于我國家也徒以薄海同仇特伸大義今若擁號稱尊便是天有二日儼爲勁敵即將簡西

行之銳轉旆東征且擬釋彼重誅命為前導夫以中華全
力受制潢池而欲以江左一隅兼支大國勝負之數先待
蓍龜矣予聞君子之愛人也以德小人則以姑息諸君子
果識時知命篤念故主厚愛賢王宜勸令削號稱藩永綏
福祿朝廷當待以虞賓統承礼物帶礪山河位在諸侯王
上庶不負朝廷伸義討罪興滅繼絕之初心至于南州群
彥翩然來歸則爾公爾侯列爵分土有平西之典例在惟
執事寔圖維之晚近士大夫好高樹名義而不顧國家之

急每有大事輒同築舍昔宋人議論未定而兵已渡河可
爲殷鑒先生領袖名流主持至計必能深維終始寧忍隨
俗浮沉取舍從違應早審定兵行在即可東可西南國安
危在此一舉願諸君子同以討賊爲心勿貪瞬息之榮致
令故國有無窮之衬爲亂臣賊子所笑予寔有厚望焉記
有之惟善人能受盡言敢佈腹心佇聞明教江天在望延
跂爲勞書不盡意

史可法答書

南中自接好音隨遣使訊吳大將軍未敢遽通左右非委隆誼于草莽也誠以大夫无私交春秋之義今倥偬之際忽捧琬琰之章真不啻從天而降也諷讀再三慇慇致意若以逆成尚稽天討為貴國憂法且感且愧惧左右不察謂南國臣民偷安江左頓忘君父之仇故為殿下一詳陳之我大行皇帝敬天法祖勤政愛民真堯舜之主也以庸臣誤國致有三月十九日之事法待罪南樞救援无及師次江上凶聞遂來地拆天崩川枯海竭嗟乎人孰無君雖

肆法于市朝以為泄泄者之戒亦奚足慰先帝于地下哉
尔時南中臣民哀慟如喪考妣无不抚膺切齒欲悉東南
之甲立剪凶仇而二三老臣謂國破君亡宗社為重相與
迎立今上以繫中外人心今上非他即神宗之孫光宗猶
子而大行皇帝之兄也名正言順天與人歸五月朔日駕
臨南都萬姓夾道歡呼聲聞數里群臣勸進今上悲不自
勝讓再讓三僅允監國迨臣民伏闕屢請始于十五日進
位南都從前鳳集河清瑞應非一即告廟之日紫氣如盖

祝文升霄万目共瞻欣傳盛事大江湧出柟梓數万助修
宮殿是豈非天意哉越數日即命法視師江上刻日西征
忽傳吾大將軍吳三桂假兵貴國破走逆成殿下入都為
我先帝后發喪成礼掃清宮殿抚輯群黎且免薙髮之令
示不忘本朝此等舉動振古爍今凡為大明臣子无不長
跪北面頂礼加額豈但如明諭所云感恩圖報已乎謹于
月八簿具筐篚遣使犒師請命鴻裁連兵西討是以王師
既發復次江淮乃辱明誨引春秋大義來相詰責試推言

之此為列國君薨世子應立有賊未討不忍死其君者立說耳若夫天下蒼（共）主身殉社稷青宮皇子慘變非常苟拘牽不即位之說坐昧大一統之義中原鼎沸倉猝出師將何以繫屬人心號台忠義紫陽綱目踵事春秋其間特書莽移漢祚光武中興丕廢山陽昭烈踐祚懷愍亡國晉元嗣基徽欽蒙塵宋高纘統是皆于國仇未翦之日亟正位號綱目未嘗斥為自立卒以正統予之甚至玄宗幸蜀太子即位靈武議者疵之亦未嘗不許以行權幸其光復舊

物也本朝傳世十六正統相承自治冠帶之族繼絶存亡仁恩遐被貴國昔在先朝夙膺封號載在盟府殿下豈不聞乎今痛心本朝之難而驅除亂逆可謂大義復著于春秋矣若乘我國運中微一旦視同割據轉欲移師東下而以前導命元凶義利兼收恩仇倏忽奬乱賊而長寇仇此不惟孤本朝借力復仇之心亦甚違殿下伏義扶危之初志矣昔契丹和宋止歲輸以金繒回紇助唐原不利其土地況貴國篤念世好兵以義動万代瞻仰在此一舉若夫

手足齊難並同秦越規此幅負爲德不卒是以義始而以利終貽賊人竊笑也貴國豈其然歟先帝軫念潢池不忍盡戮勦撫並用貽誤至今今上天縱聰明刻刻以復仇爲念廟堂之上和衷體國介胄之士擊楫枕戈人懷忠義願爲國死竊以爲天亡賊闖當不越斯時矣語有云樹德務滋除惡未盡今逆成未伏天誅捲土西秦方圖報復此不獨本朝不共戴天之恨抑亦貴國除惡未盡之憂伏冀同仇之誼全始終之德合師進討問罪秦中共梟逆成之頭

以洩敷天之憤則貴國義向照耀千秋本朝圖報惟力是視從此兩國世通盟好傳之無窮不亦千載一時哉若夫牛耳之誓則本朝使臣久已載道不日抵燕奉盤盂以從矣法北望陵廟无涕可隕身陷大戮罪應萬死所以不即從先帝者寔為社稷之故也傳曰竭股肱之力繼之以忠貞法處今日鞠躬致命克盡臣節所以報也惟殿下寔明鑒之

按此書乃何亮工手筆亮工南直桐城人宰相何如

寵之孫少有逸才時爲史公幕賓後舉順治丁酉孝廉家于南京武定橋

高傑上肅王書

逆闖犯闕危及君父痛憤于心大仇未復山川俱蒙羞色豈獨臣子義不共天閟東大兵能復我神州葬我先帝雪我深怨救我黎氏前有朝使謹賫金幣稍抒微忱獨念區區一介未足荅高厚万一茲逆闖跳梁西晋未及授首凡係臣子及一時豪傑忠義之士无不西望泣血欲食其肉

而寢其皮晝夜卧薪嘗胆惟以殺逆闖报國仇爲汲汲貴國有莫大之恩銘佩不暇豈敢苟萌異志自干負義之愆傑猥以菲劣奉旨堵河不揣綿力急欲會合勁旅分道入秦殲闖賊之首哭奠先帝則傑之血忠已盡能事已畢便當披髮入山不與世間事一意額祝復我大仇者茲咫尺光耀可勝忻仰一腔積懷無由面質若傑本念千言万語總欲會師勦闖始終成貴國恤隣之名且逆闖先悖貴國所甚惡也本朝抵死欲報大仇亦貴國念其忠義所必許

也本朝列聖相承原無失德正朔承統天意有在三百年豢養士民淪肌浹髓忠君孤國未盡泯滅亦祈貴國之垂鑒也

肅王復書

肅王致書高大將軍欽差官遠來知有投誠之意正首建功之日也果能棄暗投明擇主而事決意躬來過河而會將軍功名不在尋常之中矣若第欲合兵勦闖其事不與予言或差官北來予令人引奏我皇上予不是主此復

按大清副將唐起龍其父唐虞時致書傑勸其早斷速行有大者王小者侯不失如帶如礪世世茅土之語傑皆不聽身先士卒沿河築墻嵩力備禦

甲申四月朔南京公檄

四月戊午朔南京兵部尚書史可法戶部尚書高弘圖工部尚書程注都察院右都御史張慎言兵部右侍郎吕大器翰林院掌院詹事兼侍讀學士姜曰廣太常寺卿何應瑞應天府府尹劉士禎鴻臚寺卿朱之臣太僕寺寺丞姚

思孝吏科給事中李沾戶科給事中羅萬象河南道御史郭維經山東道御史陳良弼廣東道御史周元泰山西道御史米壽圖陝西道御史王孫蕃四川道御史朱國昌誓告天地號召天下臣民起義勤王捐貲急事維崇禎十七年四月朔日南京參贊機務兵部尚書史可法等謹以宗社危情生民至計布告普天臣子嘗被今天子十七年之鴻休託高皇帝三百祀之陰隲者其言曰竊聞遭時有道類多以文事之盛而詘武功遘會非常正可以國恩之洪

而徽臣節故天寶乱而常山睢陽之事香靖康靡而宗澤李綱之氣烈彼皆慝從上作釁可預知然且俠骨錚錚與艮嶽之峰而並厲義風發發撥霓裳之奏以爭鳴况休命篤于天上明德光乎良史有若本朝者乎力掃○○二祖之廓清號同盤古治從寬簡累朝之熙洽象擬華胥迺至今上特興宏謨益脩孝廟之温恭儼在世祖之神武重光當沖齡而掃恭顕之氛立清宮府于召對而發襲黄之嘆總為編氓以冠起而用兵是虐氏者冠也而非得已以兵

興而派餉是糜餉者兵也而餉非自私廟猶詒旨勤須有再累吾民之語每遇天災修省無一時自逸之心疏膳布袍真能以天下之民而忘已瘦蠲逋宥罪不難引一人之過以就臣名是宜大業之宏昌何意諸難之駢集理誠莫觧事有可陳思為蒼生而得人上之張羅者誠廣責以赤心而報主下之自矢者難言家家有半閑之堂事事同小兒之戲果能功名比曹武惠詎訪好官之得錢竟无肝胆似漢淮陰曾念一人之推食成俗大都尔尔賢者亦併悠

悠壅蔽實繁担當何狀圖之不早病已成于養癰局尚可為涉必窮于滅頂悲夫悲夫　塵末殄寇熖旋騰血濺天潢烽傳灵寢秦稱天府誰能封以一丸晋有霸圖無復追其三駕廼者介馬横馳夫鐵輔羽書不絕于殿廷南北之耗莫通山河之險盡失不威不測極知漢天子自有神灵兵勢無常豈得謝太傅但憑歌嘯留都係四方之率司馬有九伐之經義不共天行將指日克襄大舉實賴同仇請无分宦遊无分家食或世貴如王謝或最勝若金張或子

虛之以旹起或輓輅之以談興乃至射策孝廉明經文學亦往往名班國士橐爲里雄合各抒壯謀各團義旅仗不需于武庫糗無壅于命厨飛附大軍力爭一决但群策直陳黄鉞豈賊運得有白頭醜類立殲普天大酺此則萬代之所瞻仰雖九廟爲之鑒臨者也倘策未暇夫即戎必義且先于助餉多或扺小國之賦少則劃中人之家幸濟危機何弦高之牛足惜即非長物亦曹洪之馬是求各付有司轉輸留計此則事彌從便氣易爲豪至登壟巨商聨田

富室若與縉紳並舉亦自分誼有殊向使平準法行即楊瞿之雄豈得居其奇貨又如手實令在將處士之號未可保其素封凡稱多貲之有餘總賴聖恩之無外欲與共為義士多方亦賴同盟偶值佳緣毋安善誘譬以同舟之誼但凡在千八百國疇匪王臣揆諸恤緯之心決不至二十四城遂無男子嗚呼親郊乃雍容之事唐莊尚有崇韜出塞本徼倖之圖漢武乃逢卜式覩兹何日敢曰無徒不惟社稷之憂即是身家之算始賊之巧于為餌時亦有優孟

之仁迨我之既入其樊莫不嬰地獄之罰齊姜宋子相牽而入平康珠户綺窗所過便成甌脱來俊臣之刑具則公卿之被拷者痛嘗鄭安門之畫圖與老弱之受害者酷肖是皆難民所説足令聽者寒心夫連歲報陷如西安太原武昌等處皆行省也其中金穴何止一家　牙籤正不勝紀若六時之牛酒不乏雖八公之草木可驅只坐一慳遂成胥溺豈不寃哉欲圖穩着須向前車誠清夜而念上恳雖何曾之萬錢有難下咽更援古一籌時策豈王衍之三

窟便可藏身同舟即一家破巢無完卵可不思之思之又重思之也哉法等志不足以效謀憤何辭于即死實切執父之顧輒通托鉢之呼人理苟存我求必應如纏情阿堵絕念封疆睢陽之援竟辜則霽雲抽誓言之矢荊州之衆獨擁則溫嶠有迴指之旗封章尚達于北辰奮筆敢駕于南史是為過計亦屬癡衷起見君親約昭天日法等無任斫地呼天搥心瀝血之至　時在籍兵部侍郎徐人龍主事雷演祚移檄遠近浙江台紹道傳雲龍台州知府關繼

縉通判楊体元推官張明弼知縣宋騰熊在籍陳函輝等亦誓師臨川曾益吳群諸生王聖鳳徐衍等各有檄文

臨海陳函輝討賊檄

嗚呼故老有未經之變禾黍傷心普天同不共之仇戈矛指髮壯士白衣冠易水精通虹日相君素車馬錢塘怒擊江濤嗚呼三月望後之報此後盤古而蝕日月者也昔吾太祖高皇帝手挽三辰之軸一掃身鍾二曜之英双驅誠諒歷年二百八紀何人不沐皇恩傳世一十五朝衆

海盡行統曆迨我皇帝崇禎御宇十有七年于此矣始政誅璫獨勵宸霆仙鼓頻年禦寇咸持宵旰為衣九邊寒暑幾驚呼庚呼癸之嘆萬姓啼號時切已溺已飢之痛雖舉朝肉食之多鄙而一人宸極之未遑遽至覆甌有何失序嗚呼即尔紛然造逆之輩疇无累世休養之恩乃者熖逼神京九廟不獲安其主腥流宮寢先帝不得正其終罪極海山貫知已滿慘深天地誓豈共生嗚呼誰秉國成詎無封事門户膏肓河北賊置之不問藩籬破壞大將軍竟若

閭闔開門納叛皆覲軍容使者之流賣主投降盡弘文館學士之輩乞婦便云有恥徒死即係純忠此則刼運真遭陽九百六之交而九民並值枉折維裂之會矣安祿山以番將代漢將帳中猪早抽刀李希烈自汴州奔蔡州丸內鴆先進毒鳳既斬子京口剖尸之僇安逃景亦斃于舟中跛足之凶終盡無強不折有逆必誅又况漢德猶存周曆未改赤眉銅馬適開光武之中興夷羿逢蒙难免少康之僇并儸臣子心存报主春秋義大復仇業藉社稷之靈九人

誠憤漢賊之并六軍必出祁山嗚呼迁跡金人亦下銅盤之泪隨班舞馬犹嘶玉陛之魂矧其鬚眉且叨簪紱身家非吾有總屬君恩寢食豈能安務申國耻握拳透爪氣吞一路征鼙嚙齒穿齦聲斷五更鼓角共洒申包胥之淚誓契百里視之舟所幸澤綱張翼宋之旗協恭在位顧如恂禹夾興漢之鉞磨厲以須二三子何患乎無君金陵咸歸正朔千八百國不期而大會江左賴有夷吾莫非王土莫非王臣各請敵王所愾豈曰同袍咸歌與子同仇聚神州

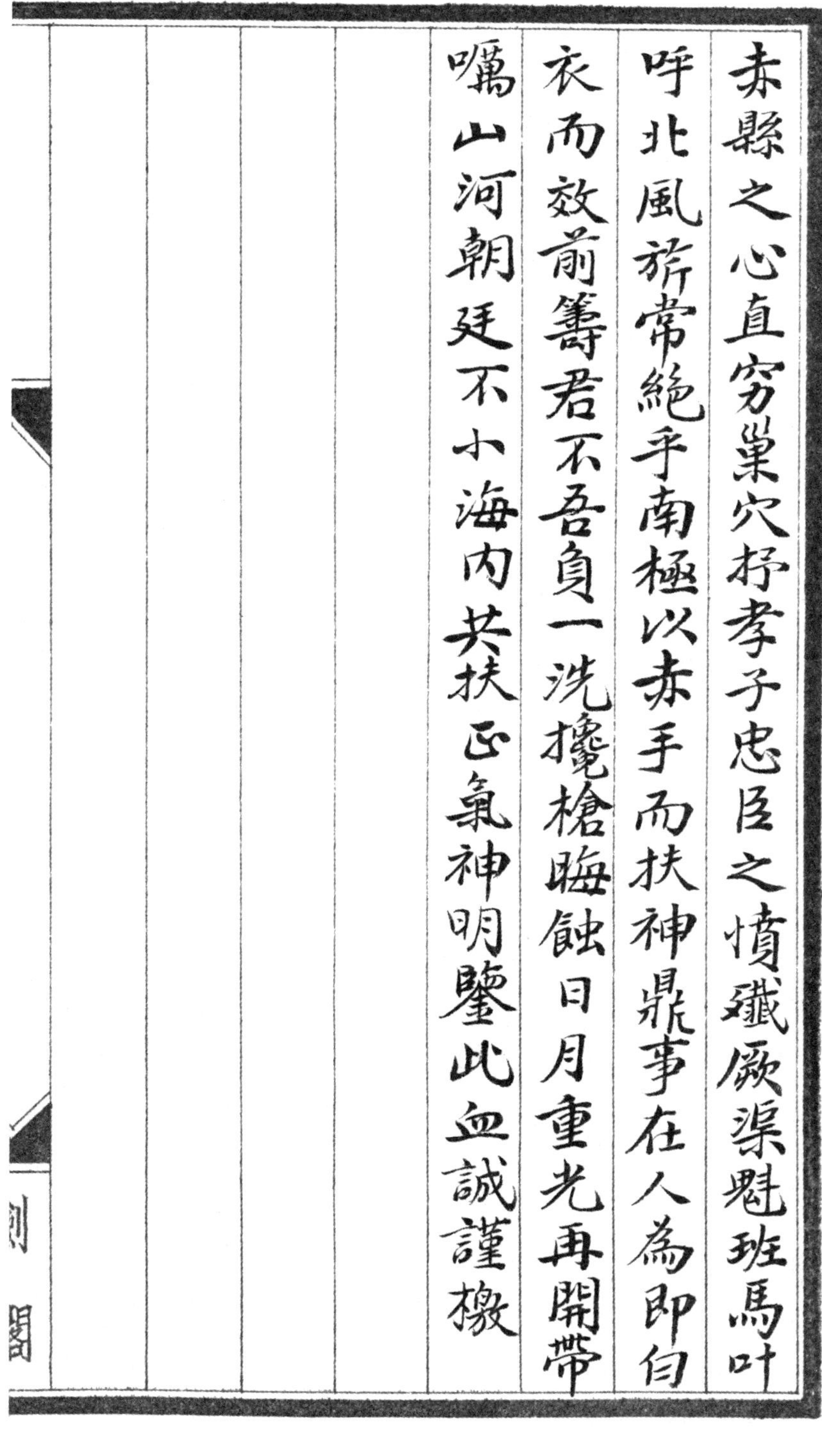

赤縣之心直穷巢穴抒孝子忠臣之憤殲厥渠魁班馬叶呼北風旂常絶乎南極以赤手而扶神鼎事在人爲即白衣而效前籌君不吾負一洗欃槍晦蝕日月重光再開帶礪山河朝廷不小海內共扶正氣神明鑒此血誠謹檄

江陰記畧

崇禎二年己巳江陰城　　昔吴鼎泰作令及崇禎十五六年間君阿園烏杜城中哀鳴一月聲如小兒啼邑令聞之嘆曰此城有兵難十七年甲申冬五里亭出一虎大如犢而勢猛捷千人持械鳴金逐至百丈地方欲過河跳溜水中不得躍起適近漁舟漁媪頗有胆急持小刀乱砍殺之其衆雖競逐不敢近傷者頗衆然不甚創亦旋愈或謂虎屬陰兵兆也乙酉五月江陰知縣林某福建莆田人不解

江夆語衆號林木瓜時有紅羅頭兵千人過邑賣盐百姓歸啟俱銀與爵也爭市之而兵不知盖小盐包迺掠人者兵欲刼城而郵與林同鄉林出謁賓主燕語遂斂兵去五月二十五日林掛冠歸六月二十日大清新知縣方某縣丞木某初蒞任方令猶紗帽藍袍未改明服年頗少不攜家屬止胥家丁二十人已而耆老八人入見令曰各縣獻册江陰何吕獨無耆老出令各圖造册獻於府獻夆京京已歸順矣不數日常州太守宗某差四兵至尻於察院方

知縣供奉甚虔閏六月朔方行香諸生耆老等從至文廟衆問曰今江陰已順想無事矣方曰止有剃髮耳前所差四兵為押剃故也衆曰髮何可剃耶方曰此謂律不可違遂回衙適府中詔下聞謂有留頭不留髮留髮不留頭二語使吏役書示至此即投筆於地曰就死也罷方令欲笞之共譁而出北門少年素好拳勇者之遂起鄉兵各服册紙呂綿袍蒙外四門應者萬人俱持兵行至縣衙前三銃一吶喊方令事急閉衙不出移書宗太守云江陰已反速

大兵来剃旹城門已詰奸細獲書衆大怒將使者臠之遂入倚以夏布巾縶方之頸拽之曰汝欲生乎死乎方曰一憑若等衆使人守視困曰既已動手今察院中有韃子四人迺押剃頭者不如殺之於是千餘人持鎗進院四兵發矢連傷數人衆懼欲退有壯者持刀擁進四兵反走一墮厠中一匿厠上一走夾墻一躍屋上悉被擒四兵初至旹僞作滿狀滿語食生物小遺室内席地而卧至是入内見帷灶頗麗四兵遂作蘇語曰吾本蘇人非韃子乞饒性命

衆礫之入縣擕方令與木縣丞出木請曰願降爲明官遂因於獄此閏六月初二日事有守備陳瑞之㞬江陰衆欲推爲主瑞之不從甫出衆已鎗刺之瑞之躍屋上趨出城伏於荳内次日上午鄉兵縛送城内殺之食其心有一妻二子一女一僕欲盡殺之其子叩首請曰吾能製軍器幸赦死迺繫獄凡木砲火毬火磚俱陳子手造木砲長二尺五寸廣數寸置藥於中狀如銀鞘敵攻城即投下燒之火磚廣二三寸許有黄雲江善作弩弓長四尺箭長一尺已

足踏上絃百發百中初明末兵倫曾化龍眘流寇亟造見血封喉弩藏三間屋又張調鼎字太素福建歐寧人亦為兵倫鑄大砲及火葯等至是發之徽人程璧字崑玉開典城中出金為餉又徽客部康公年三十餘力敵百人推為將宗太守得報遣王良率兵三百人大半凥民行至湖橋遇江陰鄉兵被圍俱跪之𪭹刀悉殺之投屍河中積如木牌牮流數十里經石幢臭穢難聞撐出高橋外王良本江陰大盜而降清者也已而大清兵至西門江民出戰被殺

五十人而兵不傷遂退入城清兵又陸續至北門等處時借靖江沙兵二千每犒千錢與清戰殺傷五百人沙兵揚帆去程璧有當靖江沙兵敗歸恨之刼掠一空方令在獄使佐書退兵及兵日進夜半衆擁入赤身擒出殺於堂上舊典史閻應元善捕盜清至見林令歸挈家出城寓祝塘六月十五日典史陳明遇遣邑人迎入城為主應元若等能聽我則可不肰不能為若主也衆從之祝塘少年六百人送應元入城四門俱呂張睢陽城隍神坐月臺上舁

之巡城儀容甚盛清兵遥望驚疑爲將四門分堡而守如垛門堡内人即守垛門也城門用大木塞斷一人守一堞如戰則兩人守之晝夜輪换十人一面小旗一銃百人一面大旗一紅衣砲初夜閣兩堞一燈繼而五堞一燈後遂八堞一燈初用燭照繼用油又吕飯和油則風不動油不潑每堞瓦四塊磚石一堆清兵攻城或吕船及棺木與牛皮蔽體而進城内吕砲石箭弩雜發無不立碎清兵乘城内食皆架雲梯数十而上凡城堞凹進而兩對直守者見

兵至即發銃斃之或城下攻掘將長皆沿石擲下或以旗竿截斷列釘於上投之或以木砲擲出兵見而異之咸爭奪忽內機發反射皆死故兵一攻城無不流涕閻應元晝夜不寢夜巡城見有睡者以箭穿耳軍令肅肰城堞被砲擊墮即時脩葺外以鐵門固蔽內以棺木築泥於中又塞以木石城下十堞一廠日夕輪換尻內安息燒煮公屋無用者則使贅者毀拆磚瓦傳運不停攻城日急城中百計禦之用油與糞清各半和煎俟沸澆下無不澆着閻六月

二十四日降將劉良佐在東城外射進箭書勸降其言曰傳諭鄉紳士庶人等知悉照得本府原為安撫地方况南北兩直山陝河南山東等處俱已剃髮惟尔江陰一處敢抗違國令何不顧身性命耶尔等速剃髮投順保全身家本府訪得該縣程崑玉若係好人尔等百姓即便具保本府題叙管尔縣如有武職官員亦具保狀仍前題叙照舊管事本府不忍殺尔百姓尔等係清朝赤子錢粮猶小剃頭為大今秋成之旹尔等杜鄉者即便務農在城者即便

貿易尔等及早投順本府不動尔一絲一粒也特諭二十五日江陰通邑公議回書其畧曰江陰禮樂之邦忠義素著秖已變革大故隨肯從俗方謂雖經異代尚不改衣冠文物之舊豈意剃髮一令大拂人心是以鄉城老幼誓死不從堅持不二每次兵臨境上勝敗相持皆係各鄉鎮勤王義師聞風赴鬪若城中大衆齊心固守並未嘗輕敵也今天下大勢所爭不在一邑蘇杭一帶俱無定局何必戀一方深爲不解况既爲義舉便當愛養百姓收拾人心何

故屠戮姦淫燒燬刼掠使天怒人怨慘目痛心為今之計當速收兵靜聽蘇杭大郡行止蘇杭若行何有江陰一邑不服縱百萬臨城江陰死守之志已決斷不苟且求生也謹與諸公約揔已蘇杭為率從否惟命餘無所言此諸生王華所作

八月初六日大清七王服重甲遍身繫双刀双斧及箭手執鎗登城毀雉堞勢甚猛勇守者已棺木捍禦用鎗刺之俱拆不能傷或云只有面可刺耳遂群刺其面旁一人用鈎鎗投其甲乃仆棺中又一人斬之首重十八斤持已示

城下清兵皆跪求首級將屍擲下首懸城上復跪求迺投下取去縫合挂孝三日道士設醮城下招魂有六人紅箭衣跪拜城上砲發悉化為塵劉良佐百般勸降城中遣四人出議良佐原待之約曰竪了順民旗剃頭數十周行城上即退兵矣一人先還報三人後去各送十金及還白應元竟匿饋銀事次日四城立順民旗忽城下哼曰昨先回一相公尚未有銀持送至此城中聳之疑三人為鬧即殺之且內有不願降者於是拔順民旗復豎大明旗守之如

故攻城日急內外殺傷相當然江民晝夜拒戰亦甚疲矣或揚兵稍後口有然疑者立殺而焚之几千百人平旦攻城城碎夜半脩訖清巳為神是皆城中益急人人有必死之志中秋夜家家暢飲如生祭肰至十九日貝勒王掠淞江二萬餘人統兵數萬至圍之自巡城下者三復登君山望之謂左右曰此城舟形也峯首北尾若攻峯北必不破惟攻其中則破矣收沿城民家錫鐵鑄彈子重二十斤納大砲中用長竹籠盛炮二十日鼓吹前導砲手披紅限三

日內破城在峯門側發砲石泥俱碎城崩遂不可脩衆困憊已甚計無所出待死而已陳明遇不由階級登城從泥堆走上城燃火發砲擊死清兵頗衆東南峯三門俱堅守而北門一堡人獨少貝勒王舁大炮君山下放砲人用竹棧包泥自蔽伏於砲側俟砲發過即扶凈砲再納葯與鐵子復發城上燃砲欲擊放砲者鐵子遇竹簍輙泥即止不能傷一人云清兵舁大砲近城葯線數尺放砲者鑿地穴伏下塞兩耳燃火即伏地不動不肰震破胆死矣八月二

十一日庚子二更後清𠂤大炮連擊城城墮鐵子重十三斤城中洞門十三重遇樹樹亦穿過落地深一尺守者大懼城内無站立處旹无復雨外見城墮遂左右兩路發砲不止多置鐵石独中路一砲只有狠烟不納鐵石但乾响而不傷人時烟漫障咫尺不辨守者謂砲聲霹靂兵難遽入不知兵竟乘中路黑烟内突入躍馬城上大射守者潰走城遂陷須臾清兵俱集城上恐有伏持刀立視半日至午後見城中大沸遂下令縱兵大殺屍骸滿道家無虛

井有少年五百人相謂曰揔是一死摶戰於安利橋殺傷甚衆力盡而敗河長三十餘丈積屍與橋齊殺至夜始收兵復上城及元明下城大殺凡三日止十二三歲童子不殺有一四眼井死者如市一人趨下復有壯者提起謂之讓吾先下壯者死而提起者反生亦數也封刀後井中撈屍二百觀音寺僧初不殺後兵掠婦女淫污地上僧惡其穢容於後屋放火兵大怒大殺百餘人僧盡死有匿塔内者去梯得免觀音寺後有華嚴菴即毛公祠有三人避於

帝馱頭上天花板內兵以鎗刺之而去得免有一人趨佛
殿隱處已有一人在內矣已而復一人至三人同匿至第
三日飢不可忍一人曰吾有生米一掬在此若奪覓則俱
死須均分迺可遂出而各得之旹天雨伸手受簷水和米
而飲得不死有某家一母一子一女十四歲兵淫其女哀
號不忍見將殺其子家有父柩子曰愿别父而死兵許之
遂以饅頭一置小櫈上祭父拜畢即側首櫈上謂兵曰汝
斬吾頭兵拔刀殺之釋其母抱女馬上去有一家兄二人

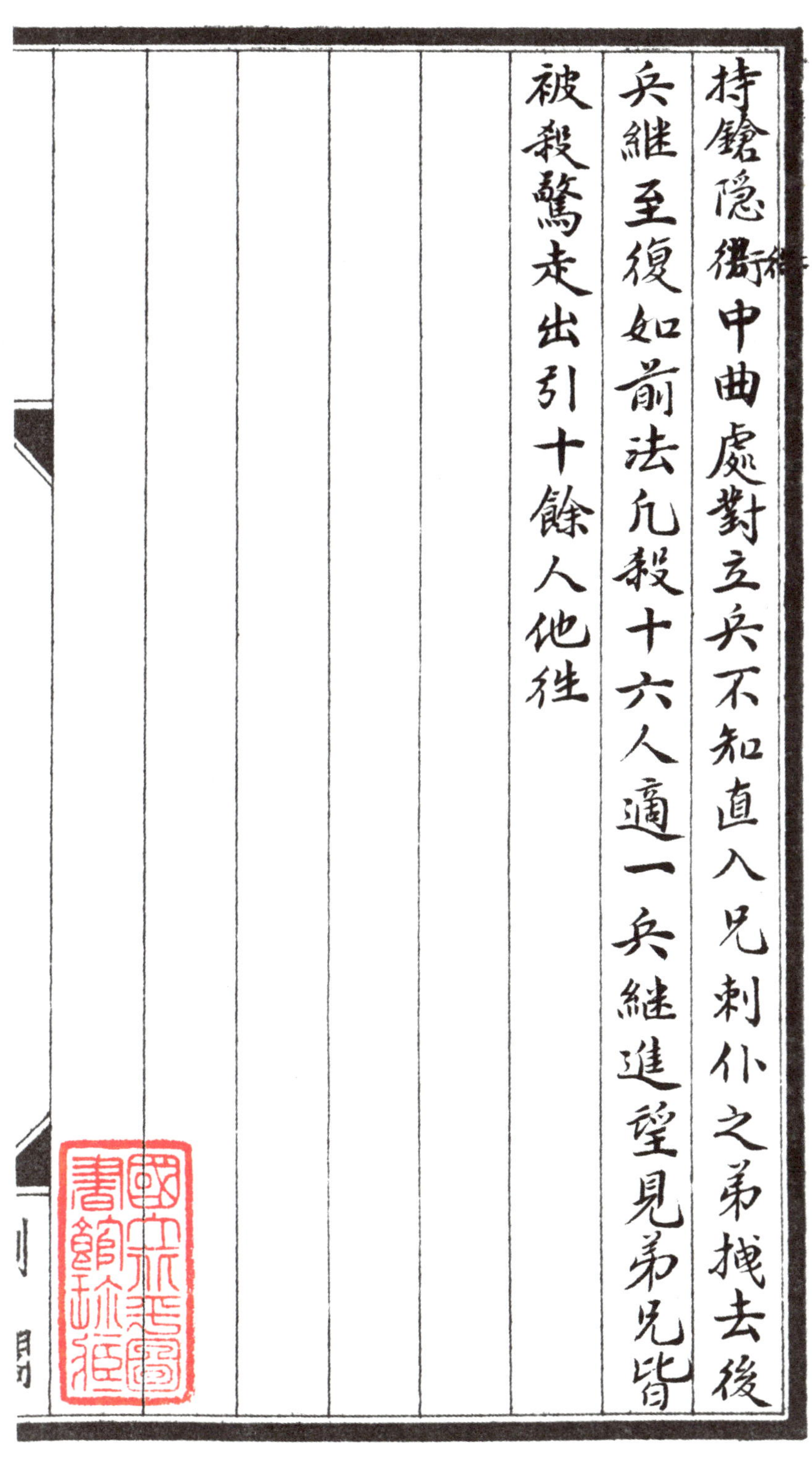

持鎗隱衢中曲處對立兵不知直入兄刺仆之弟搀去後兵繼至復如前法凡殺十六人適一兵繼進望見弟兄皆被殺驚走出引十餘人他往

劍閣

金陵全書

乙編·史料類

金陵拾遺記

（清）佚名 撰

南京出版傳媒集團
南京出版社

提要

《金陵拾遺記》一卷，清佚名撰。

該書專記弘光一朝史事，按照月日敘事。始自崇禎十七年（一六四四）三月十九日北京失陷、崇禎帝殉難，五月福王被迎立於南京，終於弘光元年（一六四五）閏六月清軍擄弘光帝、潞王等人北上，徐汧、夏允彝、高弘圖、劉宗周、祁彪佳、左懋第、袁繼咸等人殉難，書中收録的《攝政王致書史老先生》以及史可法的答書，尤其有參考價值。

書中稱清朝爲『女直』，攝政王多爾袞爲『墨勤根』、豫親王多鐸爲『豫王多鐸』，李自成、張獻忠農民軍則稱爲『逆賊』，左良玉及其子左夢庚也被稱爲『逆賊』，這大致反映出弘光朝的官方立場，當與其書鈔錄邸報而成書有關。因此，該書論僧大悲案、王之明案、童妃案，均與弘光朝官方口徑吻合。書中論及馬士英、阮大鋮、楊維垣等非東林人士以及東林黨人，立論持平，無偏無黨。書中論揚州失守，稱史可法『不知所終』，蓋著書時尚未得其實。考順治三年（一六四六）五月弘光帝被清廷殺害於北京，《金陵拾遺記》之作當不晚於此時。

書中凡『胤』字、『弘』字均有缺筆，『丘』改作『邱』，根據此避諱情況筆者推斷該書抄寫於乾隆以後。正文間有鈔寫者雙行小字注語，如頁四〇六行八，注『有脱誤』；頁四三七行十，注『闕』；頁四四八行三，注『按史閣部盡節於梅花岗』。

該書卷首鈐有『鐵琴銅劍樓』白文長方印、『古里瞿氏』白文長方印、『上海圖書館藏』朱文方印。鐵琴銅劍樓原是清代蘇州府常熟縣古里瞿氏之藏書樓，始建於乾隆末年，同治年間改爲此名，一九四九年後其藏書由瞿氏後人捐贈給國家圖書館、上海圖書館、常熟圖書館等，該書應於此時由鐵琴銅劍樓入藏上海圖書館。

《金陵全書》收錄的《金陵拾遺記》以上海圖書館藏鈔本爲底本原大影印出版。

王榮湟

金陵拾遺記

闕名

崇禎十七年甲申三月十九日逆賊李自成破京師
上及　皇后殉宗社　皇太子定永二王不知所在四月十二
日南京百寮集守備南京中軍都督府都督魏國公徐宏基家
議推戴討賊特　福王潞王周世孫避賊南下南京兵部尚書
參贊機務史可法督兵勤王至淮安提督鳳陽兵部左侍郎都
察院僉都御史馬士英移書可法及南京禮兵二部侍郎呂大
器等請以倫序立　顯皇帝次子之長子二十四日南京戶部
尚書高弘圖禮兵二部侍郎呂大器都察院右都御史張慎言
掌翰林院詹事府詹事兼侍讀學士姜曰廣吏科給事中李沾
河南道御史郭維經太常寺卿何應瑞魏國公徐弘基撫寧侯

朱國弼安遠侯柳祚昌提督操江誠意伯劉孔昭南和伯方一元守備南京司禮太監韓贊周等集大內議沾厲聲曰今日有異議者以死殉之遂以　福王告　太廟二十八日弘基及御史陳良弼朱國弼迎　福王於江浦二十九日南京百寮迎見於燕子磯　王諱由崧　神宗顯皇帝孫　福恭王世子萬歷三十五年七月十一日生初封德昌王崇禎十四年正月賊破洛陽　福恭王遇害世子縋城出奔懷慶十六年六月襲封福王十七年二月賊破懷慶南奔馬士英貴州貴陽人巡撫宣府以不修邊備任用喇嘛崇禎五年十月逮訊遣戍十五年四月宥罪起兵部左侍郎都察院僉都御史提督鳳陽軍務初士英居南京與前光祿卿阮大鋮相善大鋮名麗逆案以陰林贊導爲民士林賤之周延儒之再召也大鋮謀然灰延儒謝不能則

以士英為託竟起用之

五月戊子朔　福王謁　孝陵畢遂謁　懿文太子園陵入謁

奉先殿出至内守備府　己丑百寮三上箋勸進不允　庚

寅福王監國於南京大赦天下癸

大行皇帝喪進可法東閣大學士弘圖改禮部尚書兼東閣大

學士俱入閣辦事士英東閣大學士兼兵部尚書都察院右副

都御史仍督鳳陽　壬辰以慎言為吏部尚書命兵部郎萬元

吉宣諭各鎮元吉江西南昌人永州府推官辟閣部楊嗣昌軍

前監紀改大理寺評事崇禎十六年三月以職方司員外郎贊

畫督師軍前為人忠義忼慨機敏勤事久歷行間諸鎮心折之

甲午召禮部尚書王鐸兼東閣大學士以曰廣為禮部尚書兼

東閣大學士俱入閣辦事鐸河南孟津人與弟鏞子無黨及陳

鑣避賊懷慶監國俱識之　以大器為吏部左侍郎應瑞為工部左侍郎乙未起劉宗周都察院右都御史宗周浙江山陰人清修實學為工部侍郎崇禎九年以論中官革職十四年召為吏部左侍郎歷左都御史以請釋建言禮科給事中姜埰行人司副熊開元革職　庚子召江南募兵兵部尚書張國維原官回部佐理戎政　召還徐石麒為都察院右都御史　解學龍為兵部左侍郎石麒浙江嘉興人為刑部尚書以不訊姜埰閒住學龍巡撫江南以薦黃道周逮訊庭杖遣戍　以沾為太常寺少卿維經為應天府府丞　召還章正宸熊開元姜埰等原官起用三人皆遣戍正宸以濫舉枚卜繇吏科都給事謫壬寅監國即皇帝位改明年為宏光元年大赦可法請督師江北許之

癸卯召士英入閣辦事兼掌兵部事

甲辰設淮徐揚滁鳳泗廬六四鎮進總兵官黃得功靖南侯封高傑興平伯劉澤清東平伯劉良佐廣昌伯分領之　得功遼東人先殺賊安慶崇禎十四年追賊鳳陽敗賊張獻忠於潛山十六年同馬士英圍永城叛將劉超擒之獻俘闕下十七年三月與左良玉吴三桂同日封靖南伯　高傑陝西青澗人崇禎七年以降賊立効充前鋒總兵官十六年將督師孫傳庭中軍殺賊寶豐大捷潰于汝州再敗于渭南傳庭死走河南十七年二月調傳督師大學士李建泰軍前未赴督師軍潰奔泗州遂至揚州　澤清山東人為通州副總兵以疾免山東巡撫王國賓令復東平州以功授右都督充總兵官鎮守山東駐臨清十七年三月召入援南奔淮安　良佐徐州總兵官敗土賊袁時

中於宿毫蒙城閻同得功救六安破賊安慶十七年道正陽南下攻臨淮　進左良玉寧南侯世鎮武昌　以忻城伯趙之龍總督京營戎政　召禮部右侍郎顧錫疇為禮部尚書詹事府少詹事黃道周為禮部右侍郎操江都御史高倬為工部右侍郎　道周福建漳浦人初以少詹事召對忤　上意謫江西布政司都事江西巡撫解學龍薦之並逮杖闕下戶部主事葉廷秀國子監生徐仲吉各疏救亦杖闕下四人俱戍邊十五年八月召還道周少詹事　乙巳以御史祁彪佳為都察院右僉都御史巡撫蘇松　彪佳浙江山陰人先是巡撫蘇松有名跡　丁未吏部尚書慎言疏薦前大學士吴甡吏部尚書鄭三俊又條議從賊之臣自投南來者酌定用之之法　庚戌旦朝畢誠伯孔昭呼九卿科道於廷罵慎言曰舉朝宜以全副精神注於

雪恥除兇防河防江乃今日講推官明日講升官結黨行私奸臣誤國欲逐慎言御史王孫蕃詰孔昭曰　先帝裁操江都御史歸提督操江亦未見作何事業文武喧争聲徹殿陛明日各補疏糾參慎言乞休不允

乙卯封薊遼總兵官西平伯吳三桂薊國公遣海運中書舍人沈廷揚運米十萬石銀五萬兩勞其軍先是三桂聞京師破投建州女直尊之入關賊自成出禦之四月二十四日大敗于一片石渡入京恣抄　焚宮殿三十日西遁五月二日女直墨勤根入北京自称大清攝政王示諭南朝官紳軍民人等云曩者我國欲與爾大明和好永享太平屢致書不答以致四次深入期爾朝悔悟豈意堅執不從今被流寇所滅事屬既往不必論也且天下者非一人之天下惟有德者居之我今居此為爾朝

雪君父之仇破釜沉舟一賊不滅誓不返轍所過州縣地方有能削髮投順開城納欵即與世守爵祿如有抗拒一到即玉石不分盡行屠戮可法士英各以聞議遣使欵女直

六月戊午上　大行皇帝謚曰紹天繹道剛明恪儉揆文奮武敦仁茂孝烈皇帝廟號思宗尋改毅宗

大行皇后謚曰孝節貞肅淵恭莊毅奉天靖聖烈皇后

上　皇考先福王謚曰貞純肅哲聖敬仁懿恭皇帝

皇生母　氏曰孝誠端惠慈順貞穆皇太后尊　皇嫡母先福王妃鄒氏曰恪貞仁壽皇太后追謚先妃黃氏曰孝哲懿莊溫貞仁壽皇后上　皇祖母鄭貴妃謚曰孝寧溫穆莊惠慈懿憲天裕聖太皇太后　尋改謚恭皇帝曰孝皇帝陵曰熙陵　壬戌召阮大鋮暫賜冠帶陛見大學士弘圖請下九卿科道集議

士英求退不允曰廣慎言大器沾維經給事中羅萬象御史詹兆恒王孫蕃各疏糾不聽大鋮竟奏對

時賊既西遁總督漕運都御史路振飛擒偽官呂弼周王富集士民射殺之巡按淮揚御史王燮擒偽官胡來賀李魁春投之河又擒從賊偽官武愫以聞巡撫遼東黎玉田前大學士謝陞御史盧世漼等共殺偽官十八人濟寧都司李允和起兵殺偽官張問行囚從賊兵備王英世請命河南開封府推官陳潛夫寨勇李過知劉洪起等各殺偽官前兵部尚書河南勸農丁啟睿以弟參將丁啟光擒歸德府偽官陳奇等七人獻俘眞定府知府邱茂華守城請救衡王率青州府諸生殺偽官請南徙于是加王田兵部尚書進陞上柱國少師兼太子太師世漼太僕寺卿賜勅獎諭賞銀幣有差啟睿河南安撫賜故官如前過知

洪起元摠兵官啟光副摠兵陞崇禎十五年以被參削籍時已
仕女直起兵者陞弟諸生謝　也以上聞
丙寅吏部尚書張慎言致仕賚銀幣給應得誥命以石麒爲吏
部尚書　召錢謙益爲禮部尚書協理詹事府事謙益常熟人
崇禎元年興枚卜會推禮部尚書溫體仁不得與疏訐謙益辛
酉浙江科場事召對革職戶科給事中瞿式耜牽累降調十年
常熟奸民張漢儒疏發謙益式耜居鄉事跡體仁陰主之下刑
部獄撫寧侯朱國弼再疏參體仁上怒奪國弼爵祿上尋悟體
仁致仕謙益式耜爲民十六年補國弼漕運總兵　上　熹廟
張后謚曰孝哀慈靖恭惠溫貞偕天協聖哲皇帝
命太僕寺少卿萬元吉再往揚州臨淮六合調輯軍民時傑欲
入揚州良佐欲入臨淮攻之不克乃駐傑揚州城外置帑瓜州

良佐移駐壽州　乙亥復懿文太子謚曰興宗孝康皇帝常妃曰孝康皇后　上建文君謚曰嗣天章道誠懿淵恭覲文揚武克仁篤孝讓皇帝廟號惠宗　馬后孝愍温貞哲肅烈襄天弼聖讓皇后　景皇帝謚曰符天建道恭仁康定隆文布武顯德崇孝景皇帝廟號代宗　汪后孝淵肅懿貞惠安和輔天恭聖景皇后

丁丑吏部左侍郎吕大器致仕　逆賊張獻忠破重慶瑞王遇害前四川巡撫陳士奇等俱被殺　贈沅陽縣知縣劉士璟山東僉事士璟以女直破沅陽不屈死　巡按湖廣御史黄澍入朝陛見對仗斥士英得僞官周文江賄題授叅將罪可斬　上曰若有此事先帝時何不糾舉守備承天内官何志孔佐澍司禮監太監韓贊周叱退之澍十上疏請殺士英　上趣赴楚乃

去尋革職逮不至戊寅封福建千户常應俊襄衛伯應俊負
上避賊　上即位授左都督進世封　辛巳以御史王燮為都
察院右僉都御史巡撫山東
甲申以邱磊充山東總兵官磊以侯伯恂再督師奏充山東總
兵官尋罷之以麾下多遼人故有是命　贈舉人張履旋御史
前吏部主事程良籌光禄寺少卿舉人劉申錫知州諸生楊之
釴教授履旋以賊搜捕不屈投崖死慎言子也良籌工部尚書
註子與申錫之釴起兵討賊不克死之祠名義烈
召對大學士弘圖等議北使
七月丁亥祀　高皇帝以下於奉先殿　大行皇帝皇后祔
庚寅起復丁憂應安巡撫左懋第為兵部右侍郎都察院左都
御史經理河北聯絡關東加前兵部職方司主事馬紹愉太僕

寺少卿兼兵部職方司郎中前都督陳洪範太子少傅往奠
先帝山陵訪東宮二王齎大明皇帝致北國可汗書欵銀十萬
兩幣稱之與賜三桂詔欵女直懋第山東萊陽人崇禎十六年
七月以兵科左給事中察覈上江十七年五月遷太常寺少卿
即命巡撫應安丁母憂疏請與陳洪範倡義山東圖恢復兼負
母骸骨不許及議擇大臣偕洪範北使復請行吏兵二部酌議
許之紹愉崇禎十五年以知縣加兵部主事與女直議欵不成
除名士英請備驅使越三日上召廷臣洪範紹愉入對懋第以
丁憂不召

壬辰上繼妃李氏謚曰孝義端仁肅明貞潔皇后

庚子萬壽聖節上御武英殿受朝賀　以開封府推官陳潛夫
爲江西道御史巡按河南

戊申興平伯傑𤼵兵守泗州及徐州先是六月十二日女直檄至濟寧一固山額真石爲傳奉事一平西親王吳爲撫女殘黎事平西親王者吳三桂也七月二十日賊檄稱統兵劉濟寧傑聞𤼵總兵官一人率兵赴泗州參將四人赴徐州

己酉上傳户部左侍郎張有譽可户部尚書吏科都給事章正宸請封還御札弘圖等合詞引咎不聽

辛亥上諭羣臣曰朕痛六九之運方資羣策旋軫故都乃自殿爭啟釁穴鬭戎封事雖勤廟算風安在有脱誤先帝神資獨斷彙納泉流天不降康咎豈在上朕本涼德與爾文武大小諸臣鑒于前車匡復王室昔漢宣起于艱難丙魏合志唐肅興于靈武李郭同心今若袒分左右口搆元黃天下事不堪再壞茲特諭爾諸臣和衷集事刎頸之交雖忘廉藺同車之雅嫌泯復恂朝

廷以此望爾諸臣爾諸臣以此體朝廷意否則祖宗成憲弗尚
姑息特諭 晝繹高牆罪宗復庶人聿鍵爲唐王王崇禎間疏
請除君側之惡指溫體仁及諸內臣九年十二月遂以越國出
境幾斃兩郡王革爵禁錮
壬子開經筵以魏國公弘基知經筵大學士可法士英弘圖曰
廣鐸同知經筵禮部尚書謙益等充講官檢討張居充展書官
八月丙辰朔日有食之
丁巳上幸國子學祀先師孔子 建安王府鎮國中尉吏部候
考朱統鑚疏糾大學士曰廣迎立時有逆謀疏不由通政司入
禮科給事中袁彭年疏曰祖制中尉有奏請先令長史司具啟
親王參詳可否然後給批賫奏若候考吏部則與外吏部應從
通政司封進今何經何竇直達御前臣禮垣也事在宗籓皆得

執政奏通政使通政司劉士禎疏統類越奏求斥不聽

壬戌召還丁魁楚爲兵部右侍郎兼都察院右僉都御史提督楚豫軍務巡撫承德襄陽等處魁楚前督薊失事遣戍　丙子贈總兵官吳襄遼國公謚忠壯妻祖氏贈夫人給祭葬襄三桂父也三桂父不降賊〻殺之時三桂貽書劉澤清請合兵剿賊澤清以聞

甲子賊張獻忠破成都僭稱王蜀王不知所終

辛未皇太后至南京先是二月上自懷慶避賊與皇太后相失既即位密遣内員諭河南參將王之綱迎皇太后於郭家寨李際遇等護行百寮迎于江干上跪迎洪武門内各位下尋勅之綱充河南總兵官挂剿寇將軍印　壬申召還越其傑爲都察院右僉都御史巡撫河南樊一蘅爲兵部右侍郎都察院右僉

都御史總督川陜等處恢勦軍務其未以僉事遣戍一衛前寧夏巡撫乙亥上傳以張捷為吏部左侍郎捷於崇禎七年為吏部侍郎上召對平臺薦前兵部尚書呂純如純如名麗逆案為民上怒尋以巡按四川御史劉宗祥出其屬託知縣賀儒珍書入告下獄為民

丙子改兵部職方司主事凌駉為浙江道御史巡按山東

丁丑封　皇太后弟鄒存義為大興伯　戊寅以王永吉戴罪總督山東軍務永吉以薊遼總督失事南奔上疏待罪宥之給議敘國書　己卯贈巡按湖廣御史劉熙祚大僕寺卿謚忠毅廕一子熙祚為賊張獻忠所執不屈死　壬午加前東閣大學士王應熊太子太保兵部尚書總督川湖雲貴軍務賜尚方劍便宜行事應熊四川巴縣人崇禎八年十月致仕以內閣中書

金陵拾遺記

舍人劉泌兼兵部職方司主事宣諭之

癸未以應天府丞維經爲都察院左僉都御史召還前戸科給事中瞿式耜爲應天府丞　乙酉上傳阮大鋮可兵部添設右侍郎　時許浙江總兵官王之仁開屯金塘大榭尋命溫台玉環等山三年起科又赦從逆時敏仍兵科給事中開屯大瞿山

九月丙戌賜總兵官杜松謚武壯松於萬歷四十七年二月與劉綎李如栢等從遼陽誓師分四路出松越五嶺關渡渾河趨利伏發力戰死　靖南侯得功趨揚州興平伯傑兵襲儀真太僕寺少卿元吉解之各罷兵　丁亥考選博士行人推官知縣授蔣鳴玉等科道部屬等官　鑄弘光通寶錢

壬辰例遷戸科給事中陸朗外任上留之吏部尚書石麒疏論朗通內朗遂疏攻石麒并及吏科都給事中正宸　癸巳禮部

尚書文淵閣大學士太子少保姜曰廣致仕命行人護行賜銀
幣馳驛曰廣以票擬降調失事内臣孫呈琇　上批留用又票
擬御史祁彪佳請革詔獄廷杖緝事三弊許之　上發改票揭
稱皇上不以臣爲不肖使供事票擬即不敢奉詔雖不聽不以
爲忤及統鐨以迎立異議攻曰廣上不爲動諭士英曰潞王朕
叔父立亦其分耳　甲午都察院左都御史劉宗周致仕賜馳
驛給登極恩典　調九江總兵官鄭鴻逵駐鎮江鎮江總兵官
黄斌卿駐九江京口總兵官黄蜚駐蕪采　例選御史黄耳鼎
江西按察使僉事分巡南瑞道尋復原官　壬寅改清浦縣知
縣陳爊爲中書科中書舍人　予楊嵩謝貴彭二馬宣宋忠張
泰莊得張皂旗俞瑱宋瑄崇剛金川門卒龔詡燕山衛卒儲福
贈謚　又贈文臣黄魁方孝友俞貞木黄彥清錢芹黄希范楊

任葉惠仲武臣廖鏞彭聚卜萬楚智滕聚小馬王盧振廖銘倪諒楊本周拱元曾濬瞿能子等官予方孝孺妻鄭氏謚忠愍黄觀妻翁氏貞懿曾鳳韶妻李氏貞愍王良妻　氏貞烈儲福妻范氏孝節各贈夫人有差胡閏女郡奴謚孝貞

又追謚開國名臣太師韓國公李善長等十四人正德諫臣十四人御史蔣欽忠烈給事中周璽忠愍主事陸震忠定何遵忠節劉較孝毅行人孟陽忠介李紹賢忠端俞廷瓚忠愍詹寅忠憲李翰臣忠毅詹軾忠潔劉平甫忠質評事林公黼忠恪京衛指揮張英忠壯　先是贈開國武臣潁國公傅友德麗江王謚武靖宋國公馮勝寧陵王謚武壯及德慶侯廖永忠等贈謚馮國用等謚凡十四人　予北京殉難文臣東閣大學士工部尚書范景文謚文貞贈太傅　都察院左都御史李邦華謚文忠

贈太傅吏部尚書　户禮二部尚書兼翰林院學士倪元璐謚文正贈太保　戎政兵部侍郎王家彦謚忠端贈太子少保刑部侍郎孟兆祥謚忠貞贈刑部尚書子癸未進士章明謚節愍贈河南道御史　都察院副都御史施邦曜謚忠介贈左都御史　大理寺卿凌義渠謚忠清贈刑部尚書　太常寺少卿吴麟徵謚忠節贈兵部尚書　左春坊左庶子周鳳翔謚文節贈禮部左侍郎　左諭德馬世奇謚文忠贈禮部右侍郎　左中允劉理順謚文正贈詹事府詹事　翰林院檢討汪偉謚文烈贈少詹事　太僕寺丞申佳胤謚節愍贈太僕寺卿　户科給事中吴甘來謚忠節贈太常寺卿　道御史王章謚忠烈贈大理寺卿　四川道御史陳良謨謚恭愍贈太僕寺少卿　福建道御史陳純德謚恭節贈太僕寺少卿　吏部考功司員外郎許直謚忠節贈太僕寺卿　兵部車駕司

郎中成德謚忠毅贈大理寺卿　兵部車駕司主事金鉉謚忠節贈太僕寺卿　大同巡撫衛景瑗謚忠毅贈兵部尚書　宣府巡撫朱之馮謚忠壯贈都院右都御史　武臣新樂侯劉文炳謚忠壯贈太師恒國公　惠安伯張慶臻謚忠武贈太師惠安侯　襄城伯李國禎謚貞武贈太子太師襄城侯　駙馬都尉鞏永固謚貞愍贈少師　左都督劉文耀謚忠卓贈太保　三關總兵官周遇吉謚忠武贈太保　內臣總督京營太監王承恩謚忠愍前司禮太監李鳳翔謚恭壯凡文臣二十三人武臣六人內臣二人立廟京師賜名旌忠贈長洲縣學諸生許琰翰林院五經博士北京布衣湯文瓊中書舍人從祀旌忠　贈成德母張氏劉理順妻萬氏妾李氏並淑人金鉉母章氏汪偉妻耿氏並恭人馬世奇妾李氏朱氏陳良謨妾時氏並孺人周

遇吉妻劉氏夫人各建坊旌表內臣予謚非例也
時生後予謚者死事則前督師大學士孫承宗文忠太常寺少卿鹿善繼忠節承宗善繼高陽人崇禎十一年女直破高陽承宗合門戰死善繼亦死　督師兵部尚書盧象昇忠烈象昇宜興人十一年十二月與女直力戰賈莊自刎　薊遼總督吳阿衡忠毅崇禎十一年九月入墻子嶺被殺　前大學士賀逢聖文忠逢聖江夏人賊破武昌合門自沉　前南京兵部尚書呂維祺忠節維祺雒陽人賊破雒陽死　編修胡守恒文節守恒盧江人賊破舒城守城死　隨州知州王燾忠愍燾崑山人賊破隨州自縊　總兵官劉源清武節崇禎十五年源清與女直戰陣亡　前大學士劉一燝文端文震孟文肅孔貞運文忠何如寵文端　禮部尚書董其昌文敏吏部侍郎顧起元文莊禮部侍

郎張邦紀文愍禮部侍郎羅喻義文介詹事府少詹事姚希孟文毅國子監祭酒陳仁錫文莊翰林院修撰沈懋學文節翰林院　焦竑文端　都察院右都御史沈子木恭靖都察院右副都御史張瑋清惠工部尚書沈儆炌襄敏　予山西巡撫蔡懋德諡忠襄尋以失事革任督戰遇害奪之　戊申進撫寧侯國弼保國公

己酉以前兵部侍郎張鳳翔爲添註兵部左侍郎鳳翔東昌人東平伯澤清疏稱同顧光祖等會監軍凌絅擒僞官十五人也時建州女直遣唐時龍招撫江南遺書督師大學士可法曰攝政王致書史老先生予向在瀋京即知燕京物望咸歸司馬及入關破賊與都人士相接見識介弟于清班曾托其手勒平安奉訴衷曲比聞道路紛紛皆謂金陵有自立王者夫君父之仇

不共戴天春秋之義有賊不討則故君不得安葬新君不得即位所以防亂臣賊子法至嚴也闖賊李自成稱兵犯闕毒及君親中國臣民不聞一矢加遺平西親王吳三桂介在東陲獨效包胥之哭朝廷感其忠義念累世之夙好棄近日之小嫌嚴整貔貅驅馳鴞獍入京之日首崇先皇帝后謚號卜葬山陵悉如典禮親郡王將軍以下仍故封號不加改削勛戚文武諸臣咸在朝列恩典有加耕市不驚秋毫無犯方擬天高氣爽遣將西征傳檄江南聯兵河朔陳師鞠旅戮力同心以報爾君父之仇彰我朝廷之德豈意南州諸君子苟安旦夕不審事勢聊慕虛名頓忘實害予甚惑之夫國家之定燕都乃得之於闖賊非得之於明朝也賊毀明朝之廟主辱及先王國家不憚征繕之勞悉索敝賦代為雪恥仁人君子何以報德耶乃乘寇稽誅王師

暫息即欲雄據江南坐享漁人之利豈可謂江淮以天塹之憑遂不能飛渡也況闖賊但為明朝寇讎未嘗得罪於國家徒以薄海同仇特申大義今若擁號稱尊便是天有二日復為勍敵予將簡西征之銳卒轉旆東征且擬釋彼重誅命為前導夫以中華全力受制潢池而欲以江左一隅兼支大國勝負之勢無待蓍龜矣予聞君子之愛人以德細人則以姑息諸君子果識時知命切念故主厚愛賢王宜勸令削號歸藩永綏福位朝廷當待以虞賓統承禮物帶礪山河位在諸侯王上庶不負朝廷伸義討賊興滅繼絕之初心至于南州諸君子賁然來儀則爾公爾侯列爵分土有平西之典例在惟執事實圖利之晚近士大夫好高樹名節不顧國家之急每有大事輒相築舍昔宋人議論未定兵已渡河可為殷鑒先生領袖名流主持至計必能

貫察始終。寧忍隨俗浮沉。取舍從違。應早審定。兵行在即。可東可西。南國安危。在此一舉。顧諸君子同以討賊為心。無貪瞬息之榮。致令故國有無窮之禍。為亂臣賊子所笑。予尚有厚望焉。記有之。惟善人能受盡言。敢布腹心。佇聞明教。江天在延佇為勞。可法寀以聞。答書云。南中自接好音。法隨遣使訊吳大將軍。未敢遽通左右。非委隆誼於草莽也。誠以大夫無私交。春秋之義。今倥偬之際。奉琬琰之章。真不啻從天而降也。諷讀再三。殷殷至意。若以逆賊尚稽天討。為貴國憂。法且感且愧。懼左右不察。謂南國臣民偷安江左。頓忘君父之仇。故為殿下一詳陳之。我大行皇帝敬天法祖。勤政愛民。真堯舜之主也。徒以庸臣誤國。有三月十九日之事。法待罪南樞。救援無及。師次淮上。凶信突來。地坼天崩。川枯海竭。嗟乎。人孰無君。雖肆法于市朝。以為泄泄者戒奚足慰先帝于地下哉爾時南中臣民哀慟如喪考妣無不拊膺切齒欲悉東南之甲立剪凶仇而二三老臣謂國破君亡宗社為重相與迎立今上以繫中外之心今上非他神宗之孫光宗猶子大行皇帝之兄也名正言順天與人歸五月朔日駕臨南都萬姓夾道歡呼聲聞數里羣臣勸進今上退然不自勝謙讓再三僅允監國迨臣民伏闕屢請始于十五日進位南都從前鳳集河清瑞應非一即告廟之日紫雲如蓋祝文升霄萬目共瞻欣傳盛事大江湧出楠梓數萬助修宮殿是豈非天意也哉越數日遂命法視師江北刻日西征忽聞我吳大將軍借貴國之兵破走逆成殿下入都為我先帝后發喪成禮掃削宮殿撫輯羣黎且免薙髮之令示不忘本朝此舉動也振古鑠今凡為大明臣子無不長跽地而頂禮加額豈但如明諭

所云感恩圖報已哉謹于八月薄具筐篚遣使犒師請命鴻裁連兵西討是以王師既發復次江淮乃辱明諭引春秋大義來相詰責善哉推而言之此義為列國君薨世子應立有賊不討不忍死其君者之說耳若夫天下共主身殉社稷青宮皇子慘變非常而拘牽不即位之說以昧大一統之義中原鼎沸倉卒出師何以維繫人心號召忠義紫陽綱目踵事春秋其間特書莽移漢祚光武中興丕廢山陽昭烈踐祚懷愍亡國晉元嗣基徽欽蒙塵高宗纘統是皆於國仇未報之日亟正位號綱目未嘗斥為自立卒以正統與之至於玄宗幸蜀太子即位靈武議者察之亦未嘗不許以行權幸其光復舊物也本朝傳世十六正統相承自治冠帶之族繼絕存亡仁恩遐被貴國夙膺封號載在盟府殿下豈不聞乎然痛心本朝之難驅除亂逆可謂

大義復著于春秋昔契丹利宋止歲輸以金繒回紇助唐原不利其土地况貴國篤念世好兵以義動萬代瞻仰在此一舉若乃手足胥難并同秦越規此幅員為德不卒是以義始而以利終為賊人所竊笑也貴國豈其然與先帝軫念潢池不忍盡殲剿撫並用貽誤至今今上天縱聰明刻刻以復仇為念廟堂之上和衷體國介胄之士擊楫枕戈忠義之士願為國死竊以為闖賊之滅當不越於此時矣語云樹德務滋除惡務盡今賊未伏天誅卷土西秦方圖報復此不獨本朝不共戴天之恨亦貴國除惡未盡之憂伏惟堅同仇之誼全始終之德合師進討問罪秦中共梟逆成之頭以洩敷天之恨則貴國義千秋本朝圖惟力是視從此兩國世通盟好傳之無窮不亦千載一時哉若夫牛耳之盟則本朝使臣久已載道不日抵燕奉盤盂以從事

矣法北望陵廟無涕可揮身陷大戮罪應萬死所以不即從先
帝于地下者實為社稷之故也傳曰竭股肱之力加之以忠貞
法處今日鞠躬盡瘁克盡臣節所以報也殿下伏賜垂鑒
十月戊午以太常少卿沾為都察院左都御史　己未以兵部
尚書張縉彥總督河南北山西便宜行事縉彥南奔至河南疏
稱起義復城寄帑南京宥其罪用之且月給其家米五石　禮
部尚書太子少保文淵閣大學士高弘圖致仕遣行人護行賜
銀幣馳驛弘圖擬正宸爭　上傳有譽尚書發改票再擬再發
改又揭爭統鏁論曰廣又爭用大鉞請召可法入直上召對責
弘圖把持弘圖奏臣死不敢將順尋乞休疏四上允之
甲子鳳陽地震　加湖廣巡撫何騰蛟兵部尚書巡撫全省尋
命總督川湖雲貴廣西　丙寅遣內臣田成往杭州選淑女尋

及紹興嘉興

己巳鳳陽地再震　癸酉以提督楚豫丁魁楚原官總督兩廣

復宣廟吳賢妃尊號上謚孝翼溫惠淑慎慈仁匡天錫聖皇

太后　建文故太子文奎謚恭愍復皇弟允熥吳王謚悼允熞

衡王謚愍允熈徐王謚改哀追封皇少子文圭原王謚懷諸公

主駙馬皆復舊號

庚子上御武英殿受皇帝之寶百寮朝賀先是以金代時刻玉

成也

甲戌上傳以吏部侍郎捷為吏部尚書　丙子上傳改兵部職

方司主事彭遇颽為御史巡按浙江

丁丑召還楊維垣為通政使司通政使維垣前太僕寺少卿逆

案中以交結近侍遣戍

壬午予湖廣殉難楚府長史徐學顔武昌府通判李毓英長沙府推官蔡道憲嘉魚縣知縣王良鑑鍾祥縣知縣蕭漢蒲圻縣知縣曾栻均州知州胡承熙衡陽縣知縣張鵬翼興都留守沈壽崇經歷任文熙陝西殉難秦府長史章尚絅商雒道監軍副使喬遷高祭葬准建祠又予殉難前保定巡撫兵部右侍郎徐標給事中顧鋐彭琯御史俞志虞郎中徐有聲副使朱廷煥祭葬贈廕四川殉難瀘州知府蘇瓊妻舒氏吏目趙階升河南殉難南陽府知府邱懋素左鎮監軍兵部主事余爵在籍檢討馬剛中山西糧道藺剛中途中死難主事劉大年前南京給事中張焜芳河間兵備趙珽贈祭葬又北京殉難成德父桂妻蕭氏童氏妹李白先殉難贈桂如子官婦女旌表祔祀

十一月丙戌召還蔡奕琛爲吏部左侍郎奕琛德清人爲刑部

右侍郎崇禎十五年為吳彥中行賄薛國觀被糾逮訊為民永不叙用

己丑鳳陽皇陵災居民先見陵中二人一衣青一衣朱相毆擊號泣入視二犬跟蹌走

丙申督師大學士可法疏請發詔討賊嚴責四鎮直抵秦關并請慎名器罷工役絕献諛省燕衎振舉朝之精神萃四方之物力併于滅寇禦虜報聞　予死事彭文炳祭葬建坊曰一門忠烈從御史遇颽請也

丁酉巡撫蘇松都察院右僉都御史祁彪佳稱疾去　丁未以兵部添設侍郎張鳳翔為兵部尚書兼都察院右副都御史總督浙直水陸軍務巡撫蘇松等處

女直陷宿遷可法救之女直引去

辛亥監軍兵部主事楊文驄城金山圖山　贈巡按山東御史宋學朱大理寺卿廕一子學朱長洲人崇禎十一年女直破濟南死

時山東揔兵官邱磊詔令渡河挾前保定總督從逆侯恂送蹤海入北復回安東可法刺得其不軌狀執以聞殺之獄

十二月丁巳進誠意伯孔昭誠意侯東平伯澤清東平侯孔昭辭許之　壬戌興平伯高傑斬徐州逋賊程繼孔傑駐徐州繼孔斬木編筏勾引女直僞投傑降斬之事聞加傑太子少傅賞銀幣先是巡按河南御史潛夫探得女直於十月二十五日發兵一赴徐州一赴河南將從盖縣過河傑與澤清書云陳東明自北歸二十日抵徐云韃虜發一王子領兵駐濟寧近日河南撫按接踵告警虜在開封上下窺渡甚急澤清以聞東明陳洪

範字也士英疏言賊勢尚張虜豈無後慮豈敢投鞭問渡乎傑遺女直肅王書請合兵剿賊報書招傑傑不從女直至夏鎮

戊辰女直陷海州

己巳都督陳洪範至自北先是十月十二日洪範懋第至張家灣遣書女直攝政王請迎御書女直遣禮部官具鼓吹前導懋第奉御書入館鴻臚寺洪範紹愉從之次日女直内院剛林入寺問懋第等今上即位故語畢語通事不受御書次日索金幣兵邀懋第朝女直懋第不可留半月遣歸至滄州追懋第紹愉北去聽洪範歸洪範已降女直矣女直諭洪範速南行以圖大事是欲一統天下傳布撫招撫使人心悅服歸順功成之日量功大小破格升賞子孫奕世蒙休恩澤永垂帶礪至是歸懋第密疏云先帝山陵四月初一日賊奉先帝先后梓宮至田貴妃

園陵名翠華山昌平州民出錢開隧道有昌平州知州及駐劄
户部主事洪事於初四日葬畢
東宮二王消息或云賊向山海時挾二皇子行者或言賊西遁
時挾一皇子在馬上者十一月二十三日首稱先帝皇太子者
皇親周奎辨其非下之獄又公主在周奎家先帝升遐時手斷
一臂不死年十四而洪範疏言賊聞虜至先弒皇太子止挾二
王馬上行兵敗永平二王遇害遣使時命與三桂議欵三桂竟
不得見　時女直沿河窺渡溺死千餘賊兵突至河南襄城禹
州等處河南總兵官王之綱斬偽都司虞世傑巡按御史陳潛夫
獲偽太康知縣安中外等河南副總兵劉鉉郭從寬等殺賊六
百級奪馬驘七十餘匹頭擒鄢陵偽知縣王度許州偽巡捕王
法唐援剿總兵官劉洪起獲汝寧府偽官祝永苞上蔡偽知縣

馮世遇斬賊三百七十級奪馬八十餘匹又擒賊二百三十名斬賊一千二百七十六級于襄城縣奪馬贏四百三十頭匹加洪起實職二級尋命洪範赴督輔軍前

丙子刑部上從逆諸臣六等罪案除陷虜何瑞徵楊觀光張若麒方大猷黨從雅熊文舉龔鼎孳葉初春戴明說孫承澤涂必泓衛周祚劉漢儒薛所蘊趙京仕劉昌張鳴駿高爾儼黄紀孫襄二十人或甘心仕虜或不忘本朝姑俟三年定奪 第一等甘心從賊應磔十一人宋企郊牛金星張嶙然曹欽程李振聲喻上猷黎志陞陸之祺高翔漢楊王休劉世芳 第二等應斬擬長繫秋決四人光時亨鞏焴周鍾方允昌時亨阻南遷汙僞命焴倡勸進議僭位儀鍾過先帝梓宮不下馬家書稱賊新主允昌催漕閘閘也 第三等應絞擬贖七人僞編修陳名夏僞

文選司郎楊枝起齋僞詔監運使王丞曾僞天津道原毓宗僞弘文院學士何亂光先下獄賊至受職廖應遴僞太常寺卿項煜　第四等應戍擬贖十五人僞鹽運使王孫蕙僞政府寺郎侯恂僞直指使陳羽白僞弘文院學士斐希度僞吏科給事中申芝芳僞諫議大夫金汝礪僞直指使張懋爵降賊被黜梁兆陽貪緣求進錢位坤擻州縣繳印王秉鑑獨先受僞命劉大巽荀謁僞吏部受職郭萬象僞巴縣知縣吳達僞中江縣知縣黃繼祖削髮被執楊廷鑑　第五等應徒擬贖十人僞兵政車駕司沈元龍僞國子監學正繆沅僞職方從事吳剛思仍原職傅鼎銓張家玉僞四川同知傅振鐸僞通政使逃歸宗學顯僞戍都府同知逃歸李兆龍未就職方以智未從職方拱乾　第六等應杖擬贖被執受僞淮安府尹王于曜被執受僞揚州防禦

金陵拾遺記

使周壽明被執仍原職向列星被執受偽官潘同春受偽職未仕李烱徐家麟偽四川同知未仕吳泰來偽梓潼縣知縣先逃張琦　存疑另議者二十八人翁元益魯㮚郭充吳爾壎史可程左懋泰王自超王之牧白胤謙龔懋熙王皋梁清標楊棲鶚失名　李化麟張元琳呂崇烈侯佐吳之琦鄒明魁姬琨朱國壽許作梅胡顯趙頊米萬胤劉廷琮朱積　已赦用者八人張縉彥衛胤文韓四維時敏蘇京黃國琦施鳳儀龔鼎孶　赦未用者三人姜荃林張正聲顧大成報已故者二人吳家周魏學濂上批所擬陷虜諸臣姑暫免收拏限三年定奪現在從賊的候緝獲正法光時亨應否仍須緩死陳名夏等贖絞果否蔽辜侯恂封疆未結又污偽命宋學顯以侍從之臣受偽通政吳剛思受偽命而揚揚得意方以智定王講定官今定王安在何止一

徒且潘同春等既受偽官豈可但擬一杖癸未庶吉士爲何瑞徵引見人人汙偽豈可復沾館閣方拱乾原未從逆著與雷躍龍吳履中另議于是保國公國弼等疏救刑官六失革尚書解學龍職方拱乾雷躍龍吳履中俱革職　皇太后移居興寧宮命婦朝賀　戊寅魏國公徐弘基卒贈太師謚莊武　己卯贈甘肅巡撫林日瑞兵部尚書廕一子　壬午以兵部尚書張縉彥巡撫開歸河南三府　以應天府丞瞿式耜爲都察院右僉都御史巡撫廣西　改巡按山東御史凌駉巡按河南兼理河北山東招撫陳潛夫另用時駉自山東入朝也時築梟磯板子磯二堡大鋮所請也

山東士民丁耀等起兵命督鎮相機應接

弘光元年乙酉正月乙酉朔上御武英殿百寮朝賀

庚寅內閣中書舍人林魏言正月初六日雷聲自北而西占在趙晉之野有兵日在庚寅主口角妖言

癸巳興平伯傑提兵趨歸開請調得功澤清就近赴邳宿防河得功澤清不赴調

丁酉鎮北總兵官許定國叛降女直賊殺興平伯太子少傅前鋒摠兵官高傑於睢州餘眾潰遁封夫人邢氏率子元爵請以部將李本身為提督領其眾士英請加監軍侍講衛胤文兵部侍郎督其軍得功聞傑趨揚州可法馳歸請上勒得功死回汛加本身太子少保左都督赴歸德中權總兵官揚承祖赴夏邑副總兵劉應虎赴虞城苗順甫赴碭山後勁總兵官李翔雲赴雙溝右協總兵官胡茂貞左協總兵官郭虎赴泗州駐防于是寧南侯良玉疏稱忠亂將同壓卯以廣昌伯良佐疏言藩臣潰

兵不宜授李本身提督意欲併其衆也江楚總督袁繼咸疏言興平有可念之勞贈傑太子太保廕一子錦衣衛百户從優議應得祭葬以子元爵襲興平伯　甲辰進吏部侍郎蔡奕琛東閣大學士入閣辦事　丙午上迎皇考御容大明門外百寮班侍

二月甲寅朔提督勇衛營太監李國輔請開采浙江雲霧山許之户科給事中吴适疏言正統間開采致鄧茂七葉宗留之亂國輔論罷不聽馳視卒罷之先是督理蕪采太僕寺少卿宗劼請開采銅陵許之　謚桂王曰端　甲子考選授林有本等科道部屬官尋補黃端伯禮部儀制司主事端伯南城人杭州府推丁憂奉佛以削髮被叅聽勘遇赦入京公言大學士曰廣謀逆以媚士英士英令與考選許以言職將力攻曰廣或問曰廣

謀逆狀則曰毘神告我有律僧寂光欲與捧遂止士英知其不可恃又考選文字不中式程不得已補是職

謚皇太子慈烺曰獻愍永王慈煥曰悼定王慈燦曰哀　丙寅遣禮部尚書黄道周祭告禹陵　時逆賊李自成棄西安走襄陽

丁卯予殉難陝西巡撫馮師孔按察使黄絅長安縣知縣吴從義渭南縣知縣楊暄商雒道黄世清蒲城縣知縣朱一統榆林右布政都任中部知縣朱新㙐副總兵惠顯潘國俊李國奇遊擊將軍姬維新陳二典劉芳馨劉廷傑文經國守備左勉惠漸賀天雷楊政瑋指揮使李文焜前總兵官尤世威侯世祿侯拱極王學書王世欽王世國李昌齡前副總兵尤翟文常懷德李登龍張發楊明前遊擊將軍孫貴尤養昆前守備白慎衡李宗

叙慶陽道段復興、慶陽府知府董琬、商州在籍前吏部尚書南企仲、封副都御史朱崇德、前巡撫焦源清、焦源溥、山東巡撫王道純、山西叅政田時震、禮部主事南居業、蒲州在籍前磁州道祝萬齡、慶陽在籍前太常寺少卿麻禧、咸寧舉人朱誼衆等贈廕有差。先是御史霍達於崇禎間具題下部，未覆，再請得之。都任尤世威，皆合門自縊。朱新嫘未娶妾，投繯。夫榆林以抗賊故，自指揮千百戶及士民死者數萬人，不可考矣。

戊辰、予使北兵部右侍郎左懋第母陳氏卹典、録用吏部員外郎左懋泰。　癸酉，保國公國弼疏糾前漕運總督路振飛稱鳳陽有天子氣，懷逆謀。上命部院看議。　丁丑，贈死事闕　府知府王行儉光禄寺卿，予祭葬；潛山知縣李佳亂太僕寺少卿，各廕一子入監讀書。

三月甲申上御經筵
乙酉僧大悲伏誅大悲妄言先帝封齊王不受又封吳王及會
訊復妄言錢謙益申紹芳於孔聖廟謀異圖御史張孫振疏究
主使上不問召對大學士士英于內殿命棄市先是八月中有
男子王嵩又名王重儒詐稱定王將入京守陵內臣谷應珍詰
知詐僞以聞伏誅于是僞妃僞太子至矣
丁亥上御武英殿召保國公國弼大學士士英前東宮講官劉
正宗入諭曰鴻臚寺少卿高夢箕疏稱有北來太子朕念先帝
之子即朕之子朕尚無子果係東宮即仍爲東宮但昨遣內臣
李承芳盧九德前去審視面貌不對語言閃爍可會同大小九
卿科道舊日東宮講官前去辨驗回奏先是夢箕家人穆虎挾
一男子自北來云是先帝太子舊年十二月夢箕送之杭州既

渡錢塘往紹興復家疏以聞上遣内臣馮進朝追回至南京興善寺及承芳等回奏乃移錦衣衛掌衛事都督同知馮可宗私寓堂屋三間一十六七歲男子踞上坐南向百寮錦繡服先後至參差堂戶閧嘖嘖私語非是士英鐸等既至前東宮講官正宗及方拱乾近前立拱乾既革職特奉命至平頂巾直領衣大帶鐸指拱乾問何人曰方先生正宗趨上不識也正宗問講讀先後曰忘之矣又問書做學句曰忘之矣問講案上有何物曰不知兵科左給事中戴英趨上曰先帝曾廷鞠吴昌時攜皇太子於中左門何事何語曰誰吴昌時又曰忘之矣英抗言曰汝是詐冒以實告當救時即跽地曰求救命授以紙筆供稱高陽縣人王之明駙馬都尉王昺姪孫家破南奔遇夢箕家人穆虎教以詐冒東宮左都御史沾受之午後羣臣回奏上御武英殿

羣臣奏畢左都御史沾持王之明手供跽奏上不省泣曰朕念先帝身殉社稷側耳宮中望卿等奏至果真即迎入宮中仍為皇太子誰知不是慨傷久之沾再跽奏乃命法司再審夢箕亦具疏言奸妖已露英正宗各具疏請究主使

己丑寧南侯良玉告急言賊自成過襄陽至承天乞發兵會剿女直至鄖城入抵西平　辛卯女直至上蔡　壬辰華鴻臚寺少卿高夢箕職同王之明穆虎集百寮廷訊在京官民俱得入視夢箕仰天嘆曰不意為無賴子所誤一念痴忠天地可鑒更勿借題甘心一死而已靖南侯得功提塘官忽于訊所出得功刻揭云先帝子即皇上子若速處治恐東宮諸臣即識認亦不敢出頭取禍上命兵部傳諭得功燬之尋命該衙門將王之明加意護養勿驟加刑俟明告海內然後正法　先是有婦人

從河南来自稱上元妃童氏廣昌伯良佐令其妻迎之云年三十六歲十七歲入宮有曹太監 册封東宮黄氏西宮李氏李氏生子玉哥寇亂失所在童氏生子金哥今在寧家庄今四歲矣良佐信之送入京士英亦信之擬具疏請上迎皇子于河南詢從龍諸臣皆云潛邸宮人無生子者乃止上曰朕前后黄早夭繼妃李殉難且朕初封郡王何得有東西二宮宮闈風化所關豈容妖婦闌入送鎮撫司命錦衣衛掌衛事都督同知可宗同内官屈尚忠鞫之不服加以刑又曰周王妃聞周王立錯認耳周王以崇禎十七年至淮安薨耄矣世子先薨世孫未嗣何得有周王妃而良佐復言太子先帝遺血童氏皇上宮闈謹涕泣保留乃以王之明童氏審明畧節傳播中外　賊李自成至潛江戊戌予禮部左侍郎贈尚書廕一子入監讀書　總督河南北

山東兵部尚書張縉彥復南陽府以九江總兵官黃斌卿掛征蠻將軍印鎮守廣西　壬寅上祭先帝先后于奉先殿舉哀百寮望祭于太平門外以東宮二王祔羣臣多哭誠意伯孔昭哭畢曰先時有阻南遷致先帝殉宗社今霜露已移視息尚在何以慰在天之恫言已又哭將散大鋮傳呼而來曰致先帝殉社稷者東林諸臣也不盡殺東林諸臣不足以謝先帝今陳明夏徐汧北走虜矣士英遽止之曰徐九一現有人在何得有是言九一汧字也補詹事府少詹事以病請名夏寔北走為吏部侍郎故及之　癸卯前左中允李明睿為女直禮部侍郎被黜歸東平伯澤清以聞明睿南昌人素與曰廣有怨士英邀之令攻曰廣明睿不應去後明睿語人在禮部時大學士王鐸遣人投降表於女直明睿受之

甲辰寧南侯良玉再遣使告急

丁未叛賊許定國李際遇引女直兵破歸德巡按河南御史淩駉不屈死之有姪潤生隨行亦死女直曰忠臣也厚葬之盡殺道府以下官事聞贈駉兵部侍郎潤生河南道御史

戊申世鎮武昌太子太傅寧南侯左良玉奏為逆輔茂制無君朋害皇嗣謹聲罪討臣已提師在途將士眦目指髮臣恐百萬之衆發而難收震驚宮闕且聲其罪正告陛下數士英罪七條亟以皇太子授受分明士英與大鋮一手拏定付諸幽囚臣謹東兵計刻以待傳檄遠近遂舉兵反焚武昌南下

壬子女直破潁州太和縣

四月癸丑朔男子詹自植闖武英門坐御幄出妄語杖殺之時又有白應元闖皇城妖言以風顛杖逐

丙辰逆賊左良玉至九江要江楚總督袁繼咸詐出皇太子密

諭與盟繼咸不從歸入城良玉縱兵焚掠繼咸登良玉舟面責之良玉曰我負臨侯臨侯繼咸字也既而嘔血數升屬部將惠登相等奉其子夢庚爲副元帥是夜死秘不發喪南京於是日初聞良玉反始戒嚴　命兵部尚書大鋮誠意伯孔昭師師禦之　女直陷泗州　丁巳吏部復副都御史楊維垣疏予劉廷元呂純如霍維華徐紹吉王德埴黃克纘王永光楊所修章光岳徐景濂徐大化范濟世徐揚先岳駿聲許鼎臣徐卿伯劉廷宣姜應麟陸澄源喬應甲楊兆巖徐兆魁二十二人贈廕祭葬復官有差廷元純如維華紹吉紹徽兆魁所修濟世駿聲應甲大化景濂揚先皆逆案遺戍爲民間住者也　逆賊左夢庚破建德縣　戊午破彭澤縣沿途殺掠　己未破東流縣督師大學士可法入衛奉詔回揚州　命大鋮會靖南侯得功禦賊

庚申，從賊光時亨、周鍾、武愫伏誅，餘擬斬者發雲南金齒衛所，擬絞者發廣西地方，各充軍終身，以下爲民。時亨，前兵科給事中。崇禎十七年二月二十三日，先帝召對羣臣，見李明睿請南遷疏，默然。時亨叅明睿邪說。三月三日，李建泰疏請南遷，先帝御平臺，諭羣臣曰：「國君死社稷，朕將安往？」范景文、李邦華、李國禎請奉太子撫軍江南，時亨曰：「奉太子江南，將欲爲靈武故事乎？」遂不敢復言。京師破，時亨從賊。鍾爲諸生，有盛名，與張溥、陳子龍等結社，領襄制科文字者二十年，日談忠孝風節，以從賊敗，士林恥焉。　殺前禮部郎中周鑣、前武德道僉事雷縯祚於獄。鑣里居標榜，廣集生徒，在南京排擯阮大鋮，大鋮恐鑣及縯祚入骨，於是媢大鋮者連疏攻鑣。鑣鑣之叔前御史維持、弟前知縣銓亦攻鑣以救鍾，卒俱死。縯祚以東平伯澤清、御史王爔及朱

統鑕等論列與鑣賜自盡　甲子擇十五日中宮
乙丑逆賊左夢庚破安慶士英等大懼召廣昌伯良佐入衛
戊辰女直分道南下督師大學士可法請召對不許
辛未逆賊左夢庚抵池州
癸酉上御武英殿召對羣臣大理寺卿姚思孝御史喬可聘成
友德乞無撤江北兵士英立御前曰此皆良玉死黨為游說寧
可君臣皆死於虜必不死于良玉之手臣已調良佐渡江矣舉
朝色變　上曰淮揚還不可棄禮部尚書謙益奏言陳洪範還
該收池上曰國家收人皆不得其用不樂而罷　女直圍揚州
又入庂州
甲戌逆賊左夢庚掠銅陵部將惠登相引兵還夢庚從之　初
崇禎十六年正月良玉避賊欲九江東下欲就餉江南南京發

兵拒之江干。復西上。時李自成將逼武昌。更圖東下。借題君側疏檄既發。猶遣人賀士英生辰也。及至九江而病已篤。遂踵王敦之下策。及吾尚存。悉衆東下。徼倖萬一。當年錢鳳所謂上策者。黄澍以爲故智矣。不意方掠銅陵縣。聞女直布滿於揚。進退無據。返旆西上。靖南侯得功遂居之以爲功。引還九江。與女直遇。夢庚降之。

加六安州總兵官黄鼎太子少保。先是賊狄應奎率衆數千向固始。投興平伯傑。傑遇害。走六安。殺賊權將軍路應摽。挈其印降鼎。鼎報聞。授應奎副總兵。各賚銀幣。

重鑄各衙門印。去南京字。先是二月中。失禮部印。更鑄。去南京字。以防詐僞。遂盡更鑄。

督師大學士可法告急。以血書投兵部。

禮部尚書謙益疏請督師救揚州。不許。命山東撫督永吉救之。

乙亥，女直破揚州，知府任民育、江都縣知縣周志畏死之，總兵官劉肇基、前兵部侍郎張伯鯨、江都縣丞王志端遇害，可法不知所終。按史閣部盡節于梅花岡。

戊寅，以御史霍達為都察院右僉都御史，巡撫蘇松。

五月壬午朔，以監軍兵部郎中楊文驄為都察院右僉都御史，巡撫常鎮。　進靖南侯得功靖國公，逆賊左夢庚兵退，得功以大捷聞也。　丁亥，女直渡江，鎮江總兵鄭鴻逵禦之，以捷聞。

庚寅，女直薄鎮江，鴻逵兵潰，文驄走。　辛卯，閉京城各門，夜二鼓，上出狩，幸太平府。

壬辰，士英奉皇太后奔浙江，百寮有逃者。總督京營戎政忻城伯之龍閉城門，諸生數人呼市人出王之明于獄，納諸宮，鳴鐘登殿。三日，之龍斬首事者三人，執之明歸獄。先是，士英見良玉疏調黔兵入城百姓苦之于是書殺黔兵于城内吏部尚書張捷都察院右副都御史楊維垣自經死維垣妻孔氏朱氏亦死　癸巳欽天監五官挈壺陳于階自經　上離太平府二十里駐驆兵部右侍郎兼都察院右副都御史巡撫應安朱大典掛征南將軍印扼防池口總兵官方國安同兵部尚書大鋮靖國公得功來朝得功大哭奉上幸太平不納攻之　甲午上幸蕪湖御蕪采水師副總兵翁之祺舟是日女直定國大將軍豫王多鐸率兵薄南京洪武門廣昌伯良佐迎降禮部尚書謙益總督京營之龍奉書以南京降良佐導女直躡上于蕪湖　乙未上在蕪湖大鋮國安奔浙江　丙申女直兵至蕪湖得功鳴鼓誓衆欲戰衆皆散良佐挾二女直共三騎下赭山得功方褁甲良佐立馬呼得功遺以胡服得功蹴入水忽中一矢拔箭自刎

死其中軍官逆賊田雄奉上還京之祺投水死　丁酉女直入城出僞太子王之明於獄　戊戌上至自蕪湖僧帽青衣巾車而入刑部尚書高倬戶部郎中劉成治國子監生吳可箕自經死不知名者小馮內侍投秦淮河乞兒題詩自經百川橋上餘未出城者皆報職名降女直　女直多鐸既入皇城日令王鐸蔡奕琛唱降附職名聽點殺不降禮部主事黃端伯又殺唱名不到禮部郎中劉萬春　六月女直兵入蘇州長州縣學諸生顧所授投泮水詹事府少詹事兼翰林院侍讀學士長洲徐汧吏部主事華亭縣夏允彝俱赴水死　女直兵入浙江浙江巡撫張秉貞都督陳洪範以皇太后及潞王降之行人司行人錢塘陸培自經殺錢塘縣知縣顧咸建　禮部尚書文淵大學士致仕高弘圖都察院左都御史致仕會稽劉宗周各不食死

巡撫蘇松都察院右僉都御史予告山陰祁彪佳投水、會稽縣
學諸生王毓蓍布衣潘集周卜年俱投水死。閏六月、戊戌、使北
兵部侍郎都察院左僉都御史左懋第不屈、死之、隨行事陳用
極、王一斌、張良佐、王廷佐、劉統皆死。　於是女直豫王多鐸奉
上挾王鐸等、貝勒某某、奉王太后潞王、女直英王某挾左夢庚等
北去。　江楚總督都察院右僉都御史袁繼咸不屈、死之